coinfinity

Bitcoin Blinks

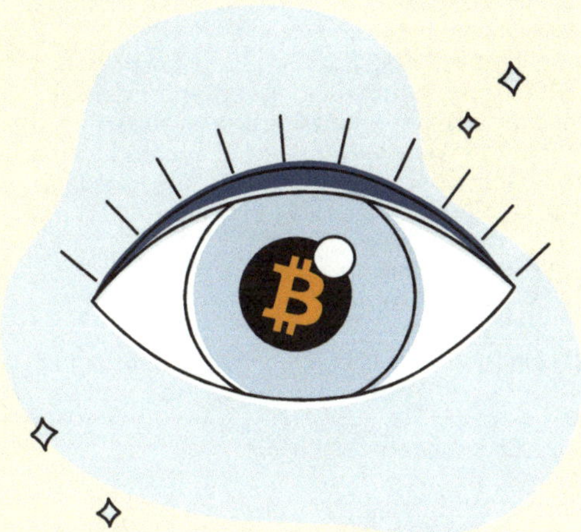

Alles rund um Bitcoin auf einen Blink

Coinfinity freut sich, dieses kleine Buch vorstellen zu können, welches dir einen schnellen und einfachen Einstieg in die Welt von Bitcoin bieten soll.

ISBN 978-3-949098-52-9 (Print)
ISBN 978-3-949098-53-6 (ePub)

Inhalte: Coinfinity GmbH, @bitbeller, @fichte42, @fabthefoxx
Design: @carlottadesigns, @fabthefoxx, @jach_pd
Layout & Satz: @jach_pd
Umschlag- und Innengestaltung: @jach_pd
Lektorat: Tanja Giese
Druck und Bindung: CPI books GmbH, Leck
Verlag: Aprycot Media, Rheinfelden

FSC www.fsc.org
MIX
Papier | Fördert gute Waldnutzung
FSC® C083411

1. Auflage 2024
Aprycot Media – Der Bitcoin Verlag – www.aprycot.media
Twitter & Instagram: @aprycotmedia

1 2 3 4 5 6 7 8 9 10

Inhaltsverzeichnis

Du hast Interesse an anderen Themen? Besuche unsere Website und entdecke noch weitere Bitcoin Blinks.

www.coinfinity.co/bitcoin-blinks

Vorwort

Bitcoin ist eine bahnbrechende Erfindung, die das Leben vieler Menschen bereits verändert hat – und zwar zum Positiven. Aber Veränderung löst oft Angst und Sorge aus. Auch 15 Jahre nach dem Start der Bitcoin-Blockchain gibt es viel Ablehnung und Desinformation rund um Bitcoin.

Das vorliegende Buch wirkt dem entgegen. Coinfinity arbeitet seit 10 Jahren daran, den Menschen Bitcoin näherzubringen – und die „Blinks" sind ein wichtiger Schritt dahin.

Wenn etwas so groß ist wie Bitcoin, so viele Bereiche berührt (von Geld bis Energie, von Familie bis Gesellschaft, von Europa bis Afrika), dann hilft es oft, diese Veränderung in seine Einzelteile zu zerlegen.

Auch deshalb, weil niemand genau weiß, wo uns der Bitcoin-Weg hinführt. Noch nicht mal der mysteriöse Bitcoin-Erfinder Satoshi Nakamoto selbst kann es wissen. Er hat uns auf eine Reise geschickt. Eine aufregende Reise – auf der wir viele Antworten auf die Fragen unserer Zeit finden können.

Steige ein und lass dich überraschen.

Alles Liebe, Niko Jilch

Niko Jilch ist Finanzjournalist, Speaker und Moderator. Er beschäftigt sich seit mehr als zehn Jahren mit unserem Geld- und Finanzsystem, Inflation, Notenbanken, Gold und natürlich Bitcoin.

Was ist Bitcoin?

Bitcoin ist die weltweit bekannteste und „größte" Kryptowährung.

Sie stellt ein dezentralisiertes Geldsystem dar, in welchem jährlich Billionen von US-Dollar ohne das Eingreifen einer vertrauenswürdigen dritten Partei bewegt werden.

Bitcoin funktioniert ohne Regulierungsinstanz über eine sogenannte Blockchain.

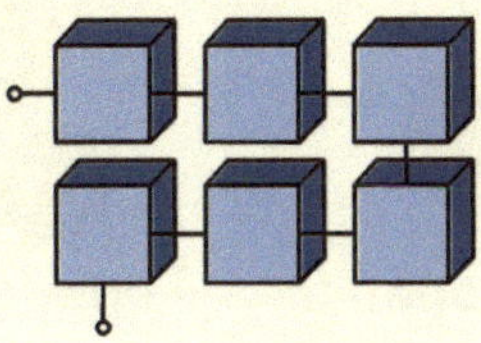

Eine Art verteiltes Kassenbuch, welches die Einträge jeder Transaktion für die Ewigkeit festhält.

Alle Teilnehmerinnen und Teilnehmer des Netzwerks weltweit pflegen ein solches Kassenbuch und können auf diese Weise jede Transaktion einsehen und validieren.

Bitcoin ist ein Open-Source-Software Projekt.

Das bedeutet, dass Nutzerinnen und Nutzer weltweit nicht nur Bitcoin verwenden, sondern auch dessen Quellcode und damit die Funktionsweise des Systems einsehen und auch für sich individuell prüfen können.

Es gibt maximal 21 Millionen Bitcoin. Die Menge ist mathematisch im Code hinterlegt und nahezu unveränderlich.

Diese Eigenschaft von Bitcoin unterscheidet es stark von herkömmlichen Fiatwährungen wie dem Euro oder dem US-Dollar, da diese in ihrer Menge unbegrenzt erzeugt werden können.

21 Millionen

unbegrenzt

Das Bitcoin-Mining ist der Prozess, welcher mehrere Funktionen im Netzwerk erfüllt:

- die Ausgabe neuer Bitcoin
- die Absicherung des Netzwerks (aufgrund des Bitcoin-Minings stellt Bitcoin das leistungsstärkste Computernetzwerk dar, welches noch nie gehackt wurde)
- das Festhalten der durch die Nutzerinnen und Nutzer im Netzwerk anfallenden Transaktionen.

Von wem wurde Bitcoin erschaffen?

Wir kennen nur das Pseudonym, welches Bitcoin 2008 in die Welt gerufen hat: Satoshi Nakamoto.

Wer dahinter steckt, ist nicht bekannt. Im April 2011 vernahm die Menschheit das letzte Lebenszeichen von Satoshi. Seitdem entscheidet die Community, was mit Bitcoin passiert und wie es weiterentwickelt wird.

Wofür wurde Bitcoin erschaffen?

Bitcoin wurde erschaffen, um eine sichere, freie, nicht manipulierbare und nicht zensierbare Alternative zu den bestehenden Geldsystemen dieser Welt zu bieten.

"Bitcoin ist: Diamanten ohne Blut. Bargeld ohne Korruption. Gold ohne Gewicht."

George Mekhail

Was ist eine Bitcoin-Wallet?

Die meisten Menschen verstehen eine Bitcoin-Wallet zunächst als eine Art Geldbörse für ihre Satoshis. Doch diese Analogie ist nicht ganz zutreffend.

Eine Geldbörse verwahrt das Geld. Bei Bitcoin ist das nicht der Fall. Die Bitcoin lagern nicht in einer Wallet.

Eine bessere Analogie für eine Bitcoin-Wallet ist der Schlüsselbund.

Der Schlüsselbund beinhaltet deine Zugangsschlüssel, er verwahrt die privaten Schlüssel zu deinen Bitcoin. Deine Bitcoin liegen in der Blockchain und verlassen diese auch nie. Sie sind also sozusagen immer und überall auf der Welt verfügbar.

Dabei wird zwischen zwei Arten von Bitcoin-Wallets unterschieden:

Hot Wallets

Cold Wallets

Eine Hot Wallet ist eine Anwendung auf dem Computer oder Handy. Die Applikation hat dabei vollen Zugriff auf deine Private Keys.

Moderne Cold Wallets sehen optisch häufig wie ein USB-Stick aus. Hierauf werden deine Private Keys offline verwahrt. Der PC hat dadurch keinen Zugriff auf diese.

Sicherheit geht vor!

Bei kleinen Beträgen ist eine Hot Wallet ausreichend. Diese sind meist sehr benutzerfreundlich und demnach für ein erstes Ausprobieren geeignet.

Versuche es zum Beispiel mal mit der Mobile App BlueWallet.

Doch Vorsicht: Verwende deine Hot Wallet auf dem Handy nicht für größere Bitcoin-Bestände, da Online-Wallets leichter kompromittiert werden können.

Für Einsteigerinnen und Einsteiger ist die Card Wallet von Coinfinity eine praktische und zugängliche Offline-Wallet-Option.

Für größere Beträge oder zusätzliche Sicherheitsbedürfnisse empfehlen wir jedoch eine spezialisierte Hardware-Wallet wie z.B. die BitBox02 von Bitbox aus der Schweiz.

“Bitcoin ist alles, was Menschen nicht über Computer wissen, kombiniert mit allem, was sie nicht über Geld wissen.”

John Oliver

Was ist eine Blockchain?

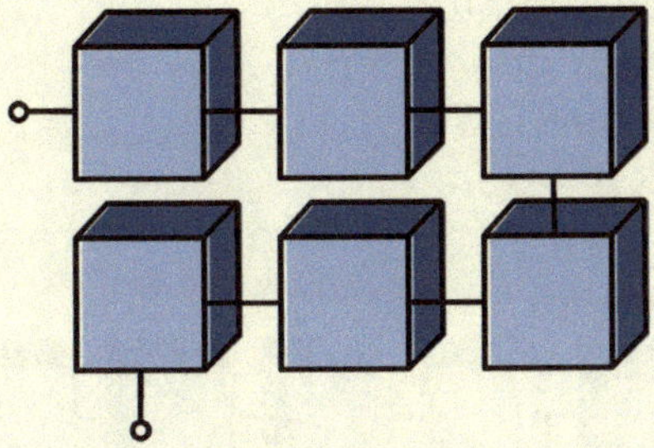

Eine Blockchain ist wie ein digitales Kassenbuch, das alle Transaktionen zwischen allen Teilnehmerinnen und Teilnehmern aufzeichnet.

In einer Blockchain werden Daten in Gruppen zusammen gefasst, die als Blöcke bezeichnet werden.

Jeder dieser Blöcke ist dann in einer linearen Sequenz miteinander verbunden, ähnlich den Gliedern einer Kette – daher der Name „Blockchain".

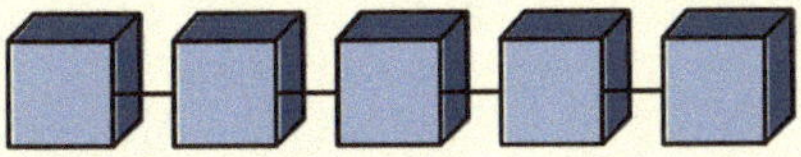

Bei Bitcoin enthält jeder Block eine Liste von Transaktionen.

Diese Transaktionen stellen alle Bitcoin-Zahlungen dar, die in einem bestimmten Zeitraum (durchschnittlich 10 Minuten) getätigt wurden. Für einen neuen Block werden zuerst offene Transaktionen gesammelt, dann wird der Block mit dem vorherigen verknüpft und anschließend als neuer Block an die Kette angehängt.

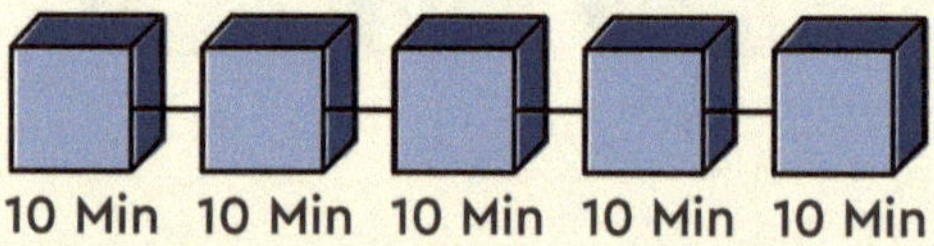

Die eigentliche Innovation der Blockchain-Technologie liegt in ihrer Dezentralität und Sicherheit. Anstatt auf einem einzigen Server gespeichert zu sein, sind Kopien der Bitcoin-Blockchain auf Tausenden von Computern weltweit verteilt.

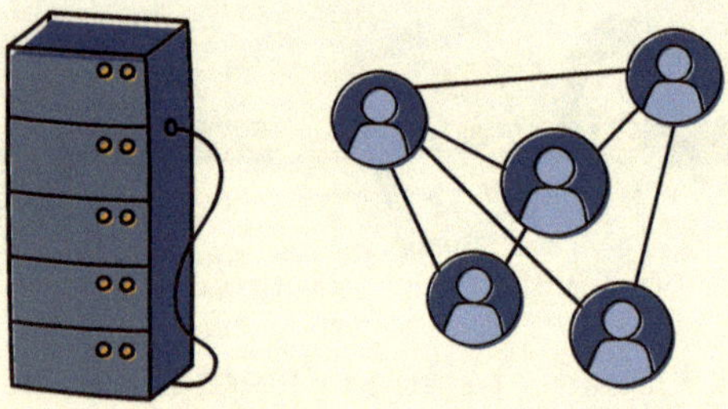

Diese als Nodes bezeichneten Computer arbeiten zusammen, um neue Transaktionen zu bestätigen und der Blockchain hinzuzufügen.

Ein weiteres wichtiges Merkmal der Blockchain ist ihre Unveränderbarkeit.

Sobald ein Block zur Blockchain hinzugefügt wurde, kann er nicht mehr verändert oder gelöscht werden, ohne dass alle Netzwerkknoten zustimmen. Du kannst dir das so vorstellen, als würde jeder Mensch alle Transaktionen in seinem Kassenbuch mitschreiben.

Das bedeutet, dass jede Bitcoin-Transaktion, sobald sie in der Blockchain verzeichnet ist, nicht mehr rückgängig gemacht oder manipuliert werden kann. Diese Eigenschaft bietet ein hohes Maß an Sicherheit und Transparenz.

Obwohl die Blockchain in ihrer Anwendung bei Bitcoin einzigartig und effektiv ist, ist sie bei Weitem nicht immer die beste Lösung für alle Arten der Datenspeicherung.

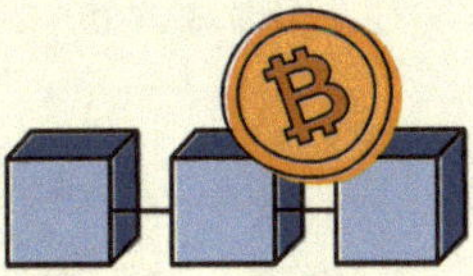

Ihre Ineffizienz in Bezug auf Speicher- und Rechenaufwand sowie ihre Unveränderbarkeit, die eine Änderung oder Löschung von Daten verhindert, können sich in bestimmten Fällen als unpraktisch erweisen (z.B. bei der Änderung personenbezogener Daten).

Eine Folge dieser Unveränderlichkeit ist, dass Bitcoin nicht auf eine möglichst hohe Anzahl von Transaktionen pro Sekunde ausgelegt ist, sondern eben auf größtmögliche Sicherheit und Dezentralität.

Im Gegensatz dazu können zentrale Datenbanken, die eine effizientere Verarbeitung und Flexibilität bei Datenänderungen bieten, um ein Vielfaches schneller sein, bieten aber eben keinen Schutz vor Manipulation durch zentrale Teilnehmerinnen und Teilnehmer.

Bitcoin wurde also gebaut, um eine nicht korrumpierbare, internationale und finale Abrechnungsebene darzustellen und eben nicht, um mit PayPal und Mastercard zu konkurrieren. Dafür gibt es z.B. das Lightning-Netzwerk, das auf Bitcoin aufbaut.

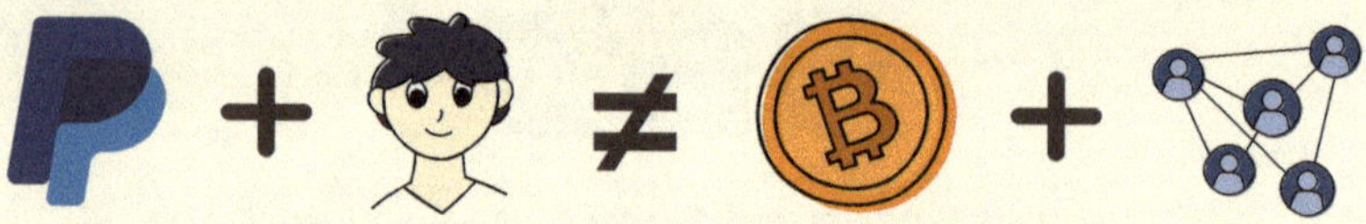

Die Notwendigkeit einer Blockchain für Bitcoin ergibt sich aus der Natur von Bitcoin selbst. Bitcoin ist als dezentrales Geld konzipiert – es gibt also keine zentrale Instanz oder Behörde, die Transaktionen überwacht oder bestätigt.

Hier kommt die Blockchain ins Spiel.

Ohne die Blockchain, welche nur ein Puzzleteil der bei Bitcoin verwendeten Technologien ist, gäbe es keine Möglichkeit zu überprüfen, welche Bitcoin wem gehören oder wie viele Bitcoin von einer Person an eine andere übertragen wurden.

Die Blockchain ist also das Herzstück des gesamten Bitcoin-Systems, welches das Problem der doppelten Ausgaben löst.

"Bitcoin ist ein ETF auf den globalen Einfallsreichtum"

Leon Wankum

Was ist Proof-of-Work?

Technisch gesehen ist die Blockchain von Bitcoin eine Aneinanderreihung von kryptographisch verschlüsselten Blöcken.

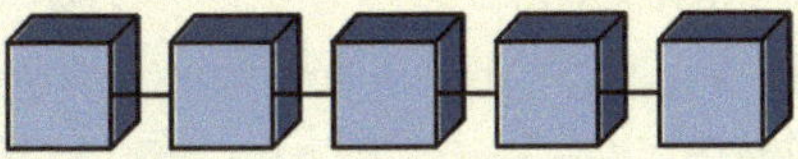

Die Blöcke bestehen aus einer Zusammenfassung von bisherigen Transaktionen und einigen weiteren Informationen. Durch das sogenannte Mining werden neue Blöcke angehängt.

Je mehr Miner für das Netzwerk arbeiten, desto sicherer wird es. Ohne die Verwendung von Energie in Form von Strom – als Anker zur echten Welt – könnte die digitale Knappheit von Bitcoin nicht gewährleistet werden.

Beim Mining führt ein Rechner den sogenannten SHA256-Algorithmus aus. Mit diesem Algorithmus werden Hashes erzeugt.

Ein Hash ist das Resultat einer mathematischen Hash-Funktion, die eine beliebige Datenmenge in eine feste Zeichenlänge verwandelt. Konkret sieht ein Hash z.B. wie folgt aus:

4c836b8362d6fb1b56b8ccc7dec360bb45ffb2dad-25cf3884b912f1f1baf1483

Bitcoin-Mining bildlich erklärt:

Miner nehmen sich einen leeren Karton (Block). Dann suchen sie sich (noch) offene Transaktionen aus dem Backlog (im Mempool) und packen sie in den Block.

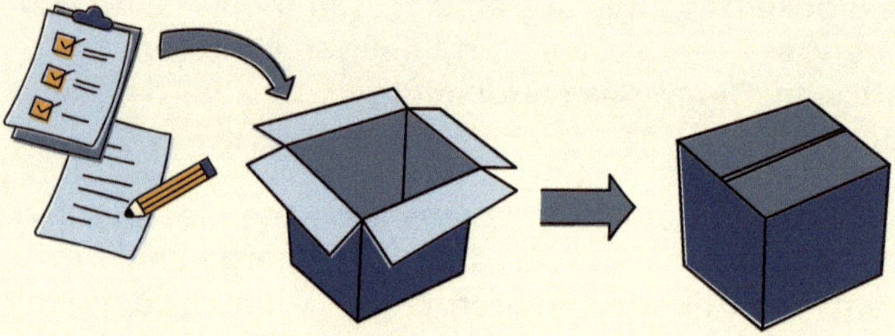

Meist bevorzugen Miner Transaktionen mit möglichst hoher Gebühr. Diese legen sie dann mit weiteren Zusatzinfos in den Karton.

Der Karton wird verschlossen und mithilfe des SHA256-Algorithmus wird der Hash des Blocks generiert.

Die sogenannte Mining-Difficulty (Schwierigkeitsanpassung) ist enorm wichtig für Bitcoin. Sie passt sich alle 2016 Blöcke (ca. alle zwei Wochen) automatisch und dezentral über alle Nodes im Netzwerk an. Ziel ist es, dass durchschnittlich alle zehn Minuten ein Block gefunden werden soll.

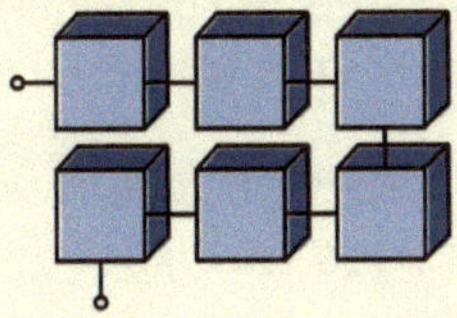

Egal wie viele Miner hinzukommen oder abschalten, die Mining-Difficulty sorgt dafür, dass das Finden eines Blocks bei einem langfristigen Durchschnitt von zehn Minuten bleibt.

Befindet sich der Hash des Kartons innerhalb der Mining-Difficulty, ist es ein gültiger Block. Der Miner schickt den Block ins Netzwerk und erhält aktuell 6,25 Bitcoin Belohnung plus die Gebühren der Transaktionen.

Der Block wird der Blockchain angehängt.

Befindet sich der Hash des Kartons nicht innerhalb der Difficulty, ist es kein gültiger Block. Der Miner muss sich diesen Karton erneut vornehmen und die Infos im Karton neu anordnen, damit ein neuer Hash entsteht.

Doch von welchen Block-Infos sprechen wir? Die Zusatzinfos, welche sich im Blockheader befinden, sind folgende:

- die Versionsnummer zum Nachhalten von Software- und Protokoll-Updates
- der Hash des vorangegangenen Blocks, durch den die Blöcke verbunden werden
- der Hash der Wurzel des Merkle-Tree der Transaktionen des Blocks
- die ungefähre Erstellungszeit des Blocks
- das Target, also die aktuelle Schwierigkeit des Minings
- die Nonce

Erstellt der Miner einen ungültigen Block, muss er etwas am Block verändern, damit der Input, also die Eingabe in den SHA256-Algorithmus, einen anderen Blockhash produziert.

Da die restlichen Felder des Block-Headers eine vordefinierte Bedeutung haben, dürfen sie nicht verändert werden. Aus diesem Grund stellt die Nonce so gut wie die einzige Möglichkeit für den Miner dar, den Hash des Blocks zu beeinflussen.

Doch was ist diese Nonce?

Die Nonce ist ein 32-Bit-Feld, dessen Wert von Minern so angepasst werden muss, dass der Hash des Blocks eine Folge von führenden Nullen enthält. Der resultierende Hash des Blocks muss dabei kleiner sein als der aktuelle Schwierigkeitsgrad im Netzwerk. Die Aufgabe ist an sich überhaupt nicht kompliziert. Es ist ein reines Raten – vergleichbar mit Lotto.

Ein einzelner Mining-Computer schafft ca. 110.000.000.000.000 (110 Billionen) Hashes pro Sekunde (Daten des S19 Pro Antminer).

“Wenn du Gold magst, gibt es viele gute Gründe, warum du Bitcoin mögen solltest.”

Cameron Winklevoss

Wie funktioniert eine Bitcoin-Transaktion?

Bitcoin befindet sich nicht an einem Ort, nicht mal auf einer Festplatte.

Zwar wird davon gesprochen, dass jemand Bitcoin besitzt, doch lässt sich dabei nicht auf ein physisches Objekt verweisen, nicht einmal auf eine digitale Datei, um sagen zu können: Das ist ein Bitcoin, hier liegt er.

Stattdessen gibt es lediglich Aufzeichnungen über Transaktionen zwischen verschiedenen Adressen mit Guthaben, die sich entweder erhöht oder verringert haben.

Jede Transaktion, die jemals ausgeführt wurde, wird in einem öffentlichen Register, der Blockchain, gespeichert.

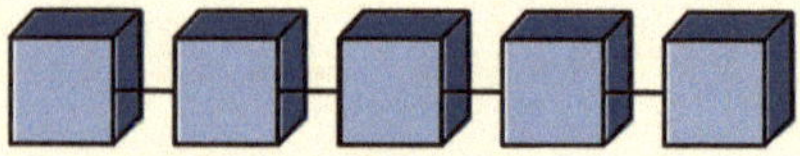

Doch wie funktionieren eigentlich Bitcoin-Transaktionen?

Zunächst musst du verstehen, was ein Input und was ein Output ist. Ein Input ist eine Info zu einem Zahlungsausgang (welche meiner Bitcoin inkludiere ich in die Transaktion?).

Aus Sicht der Empfängerin bzw. des Empfängers ist ein Output eine Info zu einem Zahlungseingang (für welche Bitcoin habe ich die Berechtigung, sie zu bewegen?).

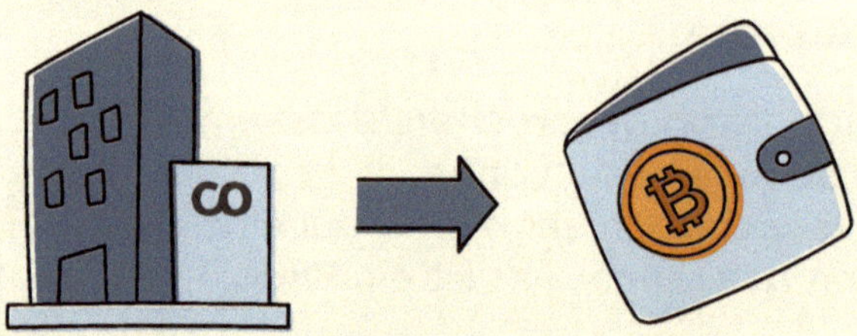

Wenn du häufig von einer Börse Bitcoin zu deiner Wallet sendest, siehst du in deiner Wallet viele Outputs. Diese werden auch „UTXO" genannt. Das steht für „Unspent Transaction Output".

Auf der Blockchain werden alle UTXO gespeichert. Diese Outputs in deiner Wallet werden erst dann interessant, wenn du eine erste Transaktion von deiner Wallet aus losschicken möchtest.

Dabei kannst du eine Bitcoin-Transaktion gut mit einer Bargeld-Transaktion vergleichen.

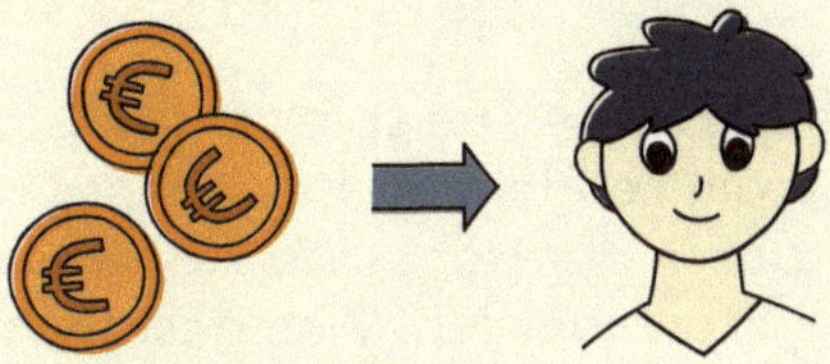

Du möchtest deinem Freund 2,5 Bitcoin senden. In deiner Wallet befinden sich einmal 2 Bitcoin und einmal 0,5 Bitcoin.

Das sind Zahlungseingänge, also Outputs von Transaktionen, zum Beispiel von einer Börse zu deiner Wallet. Diese beiden Outputs werden nun Inputs für die nächste Transaktion, also zu einem Input von 2,5 Bitcoin.

Die Inputs werden dabei von deiner Wallet automatisch so zusammengestellt, wie es am besten passt. Dein Freund erhält dann eine Transaktion mit einem UTXO, also einem Output von 2,5 Bitcoin.

Vergleichbar ist es deshalb mit Bargeld, weil du auch bei einer Barzahlung stets die passenden Geldscheine und Münzen zusammensuchen musst, um damit bezahlen zu können.

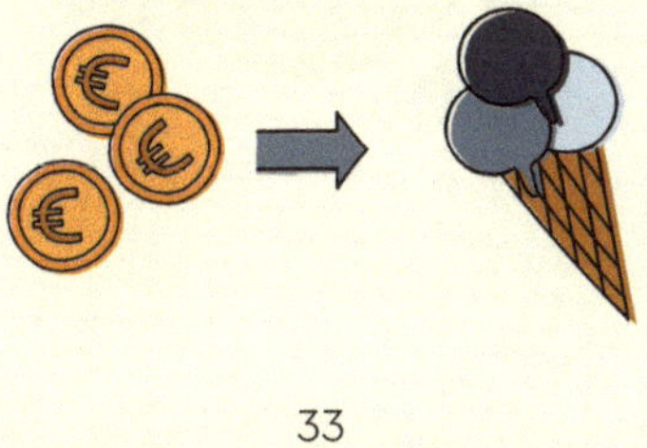

Doch was passiert, wenn du in deiner Wallet nicht die exakt passenden Outputs für deine geplante Transaktion hast?

Wir bleiben beim selben Beispiel: Du willst deinem Freund 2,5 Bitcoin senden. Du hast dieses Mal jedoch nur einen Output in der Höhe von 5 Bitcoin. Inputs können nicht geteilt werden. Was geschieht also nun?

5 Bitcoin **? Bitcoin** **2,5 Bitcoin**

Mit der Transaktion zu deinem Freund wird der 5-Bitcoin-Output zum Input. Doch du willst nicht 5 Bitcoin versenden, sondern 2,5.

Aus diesem Grund entstehen bei der Transaktion automatisch zwei neue Outputs: Einmal 2,5 Bitcoin an deinen Freund und einmal 2,5 Bitcoin, welche an deine Wallet zurückgehen.

Das ist das sogenannte Wechselgeld – wie beim Bargeld.

“Die Magie von Bitcoin liegt nicht im Transfer von Geld an jemanden, der 10.000 Meilen entfernt ist - sie liegt im Transfer von Geld an jemanden, der 10.000 Tage entfernt ist.”

Michael Saylor

Was sind Private- und Public Keys?

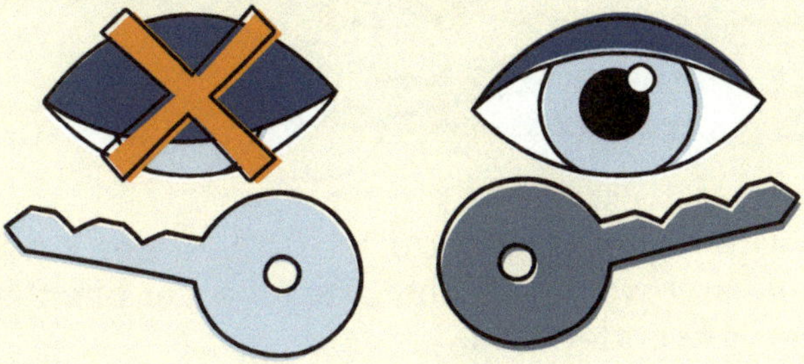

Die Private- und Public Key-Kryptographie ist für den sicheren Umgang mit Bitcoin von zentraler Bedeutung.

Man kann sich das System als ein riesiges Schließfach vorstellen, das „2 hoch 160" Fächer hat, welche jeweils eine Nummer, einen Einwurfschlitz und eine durchsichtige Tür besitzen.

Die Nummer des Fachs, also die öffentliche Adresse, entspricht dem Public-Key und ermöglicht es anderen, Bitcoin an diese Adresse zu senden.

Die durchsichtige Tür stellt die Transparenz der Blockchain dar, da jeder Mensch einsehen kann, wie viele Bitcoin in einem bestimmten Fach liegen, ohne jedoch Zugriff darauf zu haben oder zu wissen, wem das Fach gehört.

Um die in einem Fach gespeicherten Bitcoin zu nutzen, benötigt man den Private Key, der als Schlüssel zum Öffnen des Fachs dient und stets geheim gehalten werden sollte.

Der Private Key ermöglicht die Ableitung des Public Keys, welcher wiederum zur Erstellung der öffentlichen Adresse verwendet wird.

Bei Bitcoin wird der Public Key zusätzlich gehasht, also verschlüsselt, um mögliche Schwachstellen in der Kryptographie zu umgehen und die Sicherheit zu erhöhen.

Selbst wenn ein Hacker den Public Key kennt und versucht, den Private Key zu errechnen, muss man auch die Hashfunktion zurückrechnen, was praktisch unmöglich ist und bisher von keinem Computer der Welt auch nur annähernd geschafft wurde.

Da Private Keys aus langen Zeichenfolgen bestehen, die schwer zu merken sind, wurden Mnemonic- oder Seed-Phrasen entwickelt.

xprv9s21ZrQH143K3NKrJpbQBj8y4tkc8eJnNfHiSm-
jyrq9WSx5U2hL96tq65de9pcgcscXUMk4dcK-
shAeTCtSce2pZYfy47BXEQtNXhn4PyD3f

Private Key

come dentist figure over palace slogan advance theme phrase track island potato

Seed-Phrase

Diese Phrasen bestehen meist aus 12 oder 24 Wörtern, aus denen sich der zugehörige Private Key ableiten lässt.

Die Ableitungsreihenfolge ist: Seed → Private Key → Public Key → Public Address.

Während die Public Address oder der Public Key öffentlich geteilt werden können, solltest du den Private Key oder die Mnemonic-Phrase (Seed-Phrase) niemals mit anderen teilen, um den Zugriff auf deine Bitcoin-Bestände zu schützen.

Wenn du die Unterschiede zwischen Private und Public Keys und deren sichere Handhabung verstehst, kannst du effektiv und sicher mit Bitcoin umgehen.

“Ich kann mir 12 Wörter merken. Deshalb bin ich ein freier Mann.”

Adam Curry

Wie bewahre ich Bitcoin sicher auf?

Du kannst deine wertvollen Satoshis (Anteile von Bitcoin) auf viele unterschiedliche Arten aufbewahren: von der Handy-Wallet über die Börse bis hin zur Hardware-Wallet. Doch wenn es um die Sicherheit deiner Satoshis geht, stellt sich die Frage:

Wie sieht eine absolut sichere Verwahrung aus, damit du nachts beruhigt schlafen kannst?

Wenn du deine Satoshis sicher verwahren möchtest, führt kein Weg daran vorbei, die Private Keys, also den Zugang zu deinen Satoshis, selbst zu verwahren.

Bestimmt hast du schon davon gehört, dass du deine Satoshis am besten nicht auf einer Börse lagern solltest.

Das liegt daran, dass Börsen einerseits meist Zugriff auf deine Bitcoin haben und andererseits auch oft eine Hot Wallet verwenden. Das ist eine Wallet, die stets mit dem Internet verbunden und daher eher unsicher ist.

Bei Coinfinity halten wir keine Bitcoin, sondern helfen dir, sie selbst zu verwahren.

Natürlich spricht nichts dagegen, einen kleinen Teil deiner Satoshis auf einer Handy-Wallet zu halten.

Auch wenn eine solche Handy-Wallet weniger Sicherheit bietet, gibt sie dir die Möglichkeit, schnell und einfach Transaktionen zu tätigen. Schließlich willst du Bitcoin ja auch zum Bezahlen im Alltag verwenden.

Hierfür gibt es zahlreiche Apps. Dabei solltest du stets darauf achten, ob die Anbieter der Apps die Private Keys halten oder du selbst (Custodial Wallet vs. Non-Custodial Wallet).

Wie solltest du die Private Keys aufbewahren?

Dank eines früheren Updates ist es möglich, dass du deine Private Keys in Form eines sog. Seeds abspeichern kannst. Der Seed ist eine Folge von 12 bzw. 24 englischen Wörtern.

Diese solltest du niemals irgendwo digital aufbewahren! Weder am PC, noch am Handy. Das gilt auch für Kopierer und Scanner.

Wie solltest du den Seed aufbewahren? Nur offline!

Der erste Schritt ist das Aufschreiben der 12 bis 24 Wörter mit einem Stift auf Papier. Doch natürlich musst du dafür sorgen, dass dieses Papier nicht einfach zerstört werden kann. Hierfür sind sogenannte Steel Wallets interessant (z.B. Seedor).

Bei einer solchen Steel Wallet stanzt du die 12 bzw. 24 englischen Wörter in Metall. Auf diese Weise ist dein Seed bis zu einem gewissen Grad selbst vor Feuer, Wasser und Strom sicher!

“Bitcoin ist ein mächtiges Tool zur finanziellen Inklusion, das jedem Menschen den Zugang zu Finanzdienstleistungen ermöglicht, ohne dass sie ein Bankkonto oder einen staatlich ausgestellten Ausweis benötigen.”

Cathie Wood

Was ist das Lightning-Netzwerk?

Das Lightning-Netzwerk ist ein dezentrales System, bei dem Transaktionen über Zahlungskanäle außerhalb der Bitcoin-Blockchain abgewickelt werden.

Bitcoin fokussiert sich auf die Dezentralität und Sicherheit des Blockchain-Trilemmas, weswegen Skalierbarkeit im Protokoll zunächst hintenanstehen musste.

Das Lightning-Netzwerk versucht, genau dieses Problem von Bitcoin zu lösen.

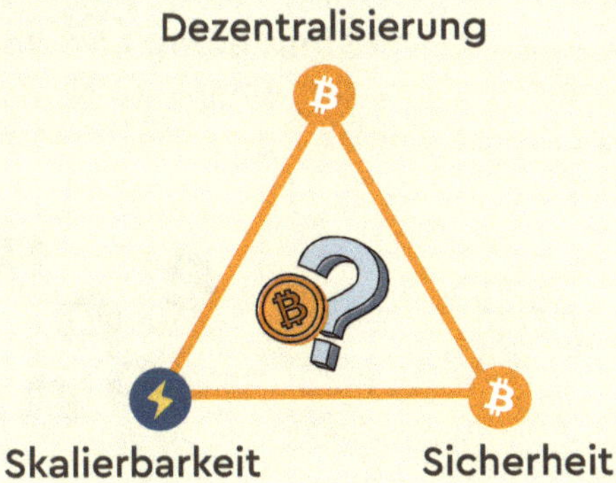

Im Lightning-Whitepaper wird das Netzwerk folgendermaßen beschrieben:

„Wenn ein Baum im Wald umfällt und niemand in der Nähe ist, macht er dann ein Geräusch?"

Wenn du eine Transaktion an deinen Bäcker in Norwegen tätigst, muss das ein Fotograf aus Frankreich oder eine Lehrerin aus Brasilien wissen?

In der Bitcoin-Blockchain wird jede Transaktion bis in die Ewigkeit gespeichert. Bitcoin skaliert langsam und das ist auch gut so. Nur dadurch kann die Sicherheit des Netzwerks garantiert werden.

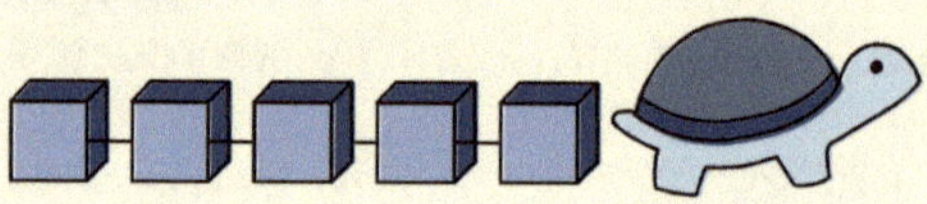

Jeder Block kann nur eine begrenzte Menge von Transaktionen speichern. Diese Limitierung hält den benötigten Speicherplatz der einzelnen Nodes gering, wodurch eine Zentralisierung des Netzwerks verhindert wird.

Dezentralität und Sicherheit sind dadurch möglich.

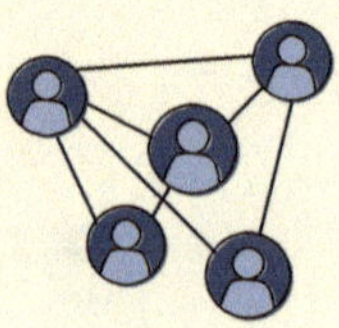

Bei Lightning eröffnen zwei Parteien einen Zahlungskanal zueinander. Die darin enthaltenen Bitcoin sind bis zur Abrechnung gesperrt und können in dieser Zeit nicht auf der Blockchain bewegt werden.

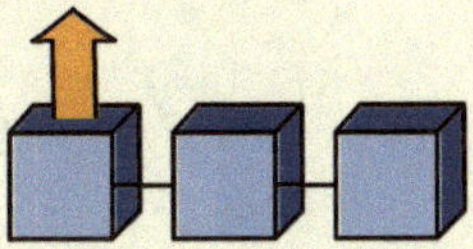

In diesem Kanal können dann enorm viele und schnelle Transaktionen getätigt werden. Stelle dir das wie einen Bierdeckel vor. Bei jedem Getränk wird ein Strich gemacht, jedoch wird erst am Ende des Abends abgerechnet.

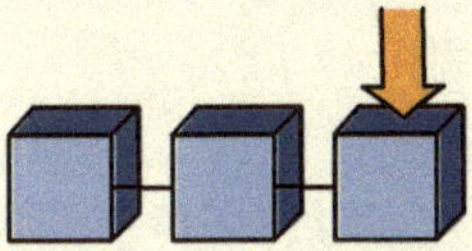

Alice und Bob können unendlich viele Transaktionen hin- und herschicken, solange sie nicht die Kapazität ihres Kanals überschreiten.

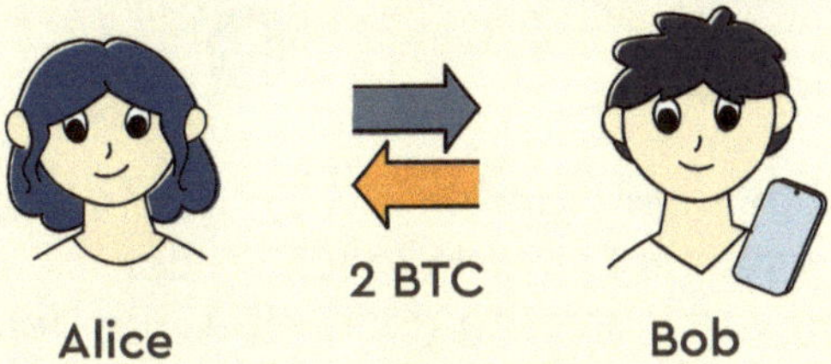

Noch spannender: Wenn Alice eine Transaktion an Charlie senden möchte, kann Bob als Kommunikator dienen, weil er zu beiden einen Zahlungskanal eröffnet hat.

Alice und Charlie müssen Bob in diesem Fall nicht mal vertrauen.

Die Lightning-Transaktion sucht sich den besten Weg durch das ganze Netzwerk.

Je größer das Netzwerk, desto höher ist die Wahrscheinlichkeit, eine Route zwischen zwei Teilnehmerinnen und Teilnehmern zu finden.

Jeder kann eine Lightning Node betreiben und Teil des Systems sein.

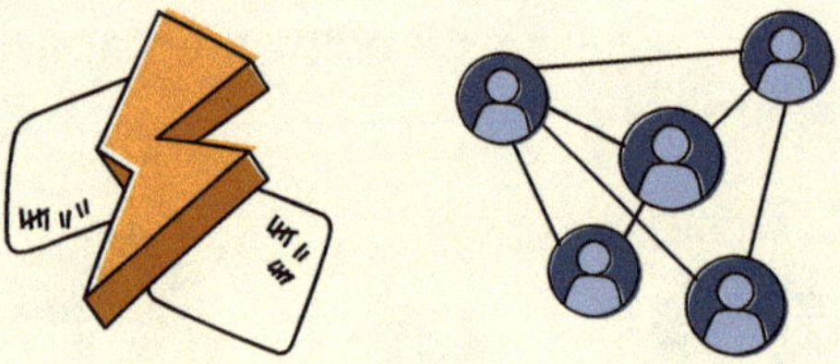

Das Aufsetzen einer Lightning Node ist bis jetzt jedoch nicht ganz einfach. Es wird täglich an der Weiterentwicklung von Lightning gearbeitet, um den Zugang im Alltag zu vereinfachen.

Um Lightning zu nutzen, brauchst du jedoch nicht unbedingt eine Node.

Du kannst auch Apps wie Phoenix Wallet oder Wallet of Satoshi nutzen.

Beachte dabei, dass du in manchen Fällen einer Drittpartei vertrauen musst. Wallet of Satoshi z.B. ist eine Custodial Wallet, dafür aber sehr einfach zu bedienen.

Stelle dir Lightning wie eine Art PayPal vor, das mit deinem Bitcoin-Konto verknüpft ist. Probiere es aus und schicke in Sekundenschnelle Satoshis um die ganze Welt!

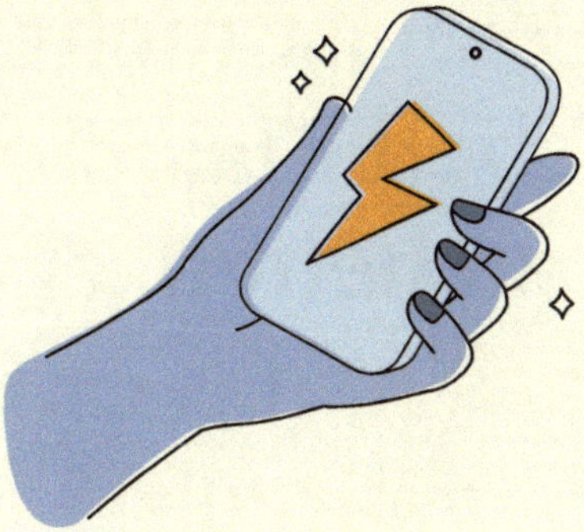

“Das Ziel ist nicht, ewig zu leben. Das Ziel ist, dabei zu helfen, etwas zu erschaffen, das ewig lebt. #Bitcoin”

Jack Mallers

Weshalb Bitcoin-Only?

Menschen, die sich für Bitcoin entschieden haben, hatten oft ein Problem mit Fiatwährungen.

Fiatwährungen sind meist staatliche Währungen wie der US-Dollar, Euro, Pfund, Yuan usw. Doch was ist das Problem mit diesen staatlichen Währungen?

Die Inflation macht es unmöglich, risikolos zu sparen, ohne einen Kaufkraftverlust hinnehmen zu müssen.

Die Menschen werden indirekt dazu gezwungen, Risikoinvestments in Aktien, Immobilien, Rohstoffe oder sonstige Anlageklassen zu tätigen, um ihre Kaufkraft erhalten zu können.

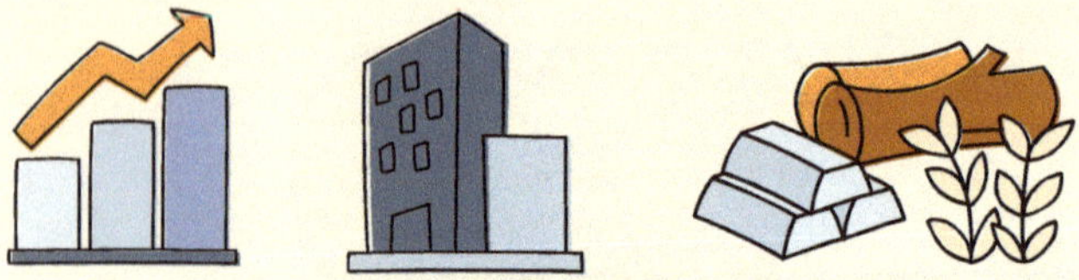

Woher kommt die Inflation?

Der größte Faktor ist die Geldmengenausweitung, aber auch Nachfrage und Angebot im Marktgeschehen spielen eine Rolle.

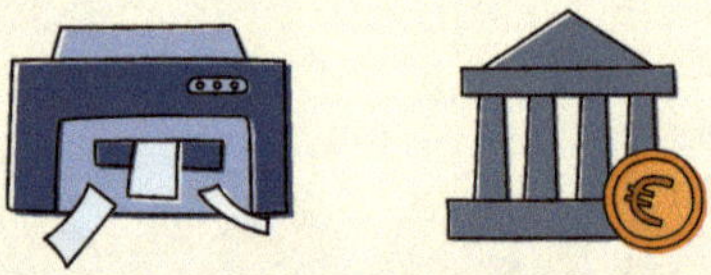

Staaten können die Geldmenge u. a. durch die Herausgabe neuer Staatsanleihen ausweiten, Banken wiederum durch die Herausgabe von Krediten.

Was brauchen wir also, um wieder risikoarm Geld sparen und dennoch die eigene Kaufkraft erhalten zu können?

Ein Geld, bei dem die Geldmenge nicht durch einzelne Entitäten wie Banken oder Staaten ausgeweitet werden kann.

Wie ist dies umsetzbar?
Durch Dezentralität!

Bei Bitcoin gab es keinen „Premine". Jeder Mensch hatte von Beginn an die Möglichkeit, im Netzwerk zu agieren und Bitcoin-Mining zu betreiben.

Das Pseudonym Satoshi Nakamoto gab seine bzw. ihre wahre Identität nie preis, sondern agierte stets im Verborgenen, bis er oder sie sich 2011 vollständig zurückzog. Seither entscheidet die Community über Bitcoin.

Weshalb ist das wichtig?

Um ein wahrhaftig dezentrales Netzwerk zu ermöglichen. 2009 schrieb die Menschheit einem digitalen Geld noch keinen Wert zu, sodass die sogenannte „unbefleckte Empfängnis" möglich war. Bitcoin ist seither ein anführerloses Geld, Altcoins sind das nicht.

Diese Chance ergab sich in der Historie der Menschheit wahrscheinlich nur ein einziges Mal. Alle anderen Kryptowährungen sind meist Versuche, Bitcoin in gewissen Perspektiven zu kopieren.

Jedoch besteht stets ein großer Unterschied:

Altcoins sind weniger dezentral. Daher stellen sie in Bezug auf dessen Daseinsgrund keine Verbesserung gegenüber Bitcoin dar.

Bitcoin ist ein monetäres Netzwerk, das im besten Interesse der Menschheit arbeitet und nicht manipuliert werden kann.

“Bitcoin wurde nicht geschaffen, um dich reich zu machen. Es wurde geschaffen, damit du aus einem kaputten System aussteigen kannst.”

Chairforce

Was ist Inflation?

Inflation ist ein komplexes und oft missverstandenes Phänomen, das den Rückgang der Kaufkraft und den Anstieg der Preise für Waren und Dienstleistungen umfasst.

Es ist wichtig, zwischen Geldmengeninflation (Ausweitung der Geldmenge) und Preisinflation (Erhöhung des allgemeinen Preisniveaus) zu unterscheiden.

Geldmengeninflation ist eine der Ursachen, während Preisinflation die Folge ist.

Die Hauptursache für Inflation ist die Ausweitung der Geldmenge, wobei langfristig die Zentralbanken als Haupttreiber fungieren.

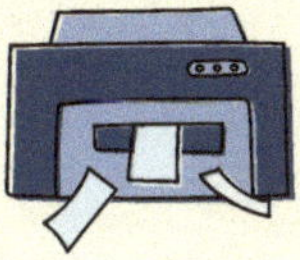

Punktuell können auch andere Faktoren, wie Engpässe beim Angebot von Rohstoffen, inflationäre Effekte aufweisen.

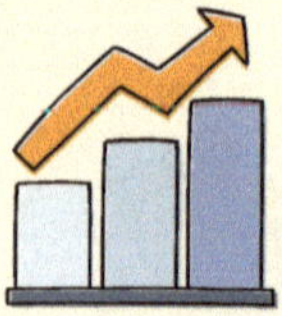

Die Inflationsrate misst die Veränderung des Preisniveaus und bestimmt langfristig den Wert des Geldes.

Heutzutage wird die Inflationsrate mittels einer Zusammenstellung der Preise von Lebensmitteln, Kleidung, Verkehr, Lebenshaltungskosten und weiteren Gütern und Dienstleistungen berechnet.

Diese werden zum sogenannten „Warenkorb" oder auch Verbraucherpreisindex zusammengefasst. Das Statistische Bundesamt (DE) erstellt diesen aus ca. 650 Gütern und Services.

Durch unsere sich stetig wandelnde Welt kann der Warenkorb die tatsächliche Preisinflation nur sehr ungenau darstellen.

Außerdem könnte die Inflationsrate durch zentralen Einfluss möglicherweise manipuliert werden.

Seit dem offiziellen Ende des Goldstandards 1971 waren sowohl die monetäre Inflation (Geldmengeninflation) als auch die Preisinflation kontinuierlich positiv.

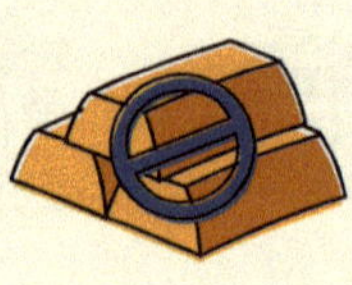

Technologie hat einen deflationären Charakter, da sie die Effizienz und Produktivität steigert und somit Güter und Dienstleistungen immer billiger produziert und angeboten werden können.

Dies wirkt den inflationären Effekten (u. a.) der Geldmengenausweitung entgegen. Die Messung der Preisinflation ist schwierig, da es keinen festen Maßstab gibt, um alle Preise in der Wirtschaft zu erfassen. Wird die Geldmenge willkürlich ausgeweitet, steigen die Preise.

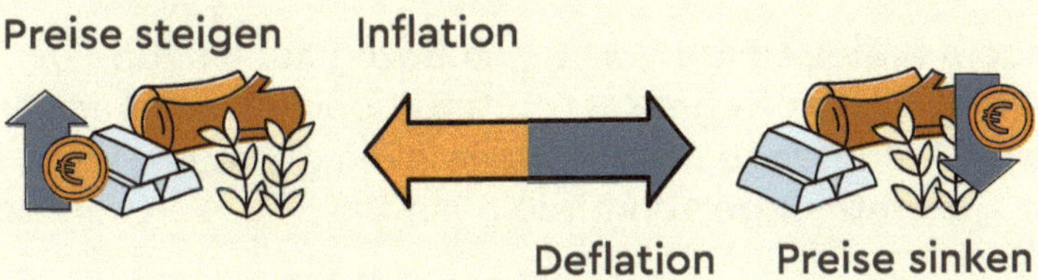

Bitcoin hat eine begrenzte Geldmenge. Dadurch folgen – meist zeitlich versetzt – die Preise dem deflationären Charakter der Technologien und sinken langfristig gesehen immer weiter.

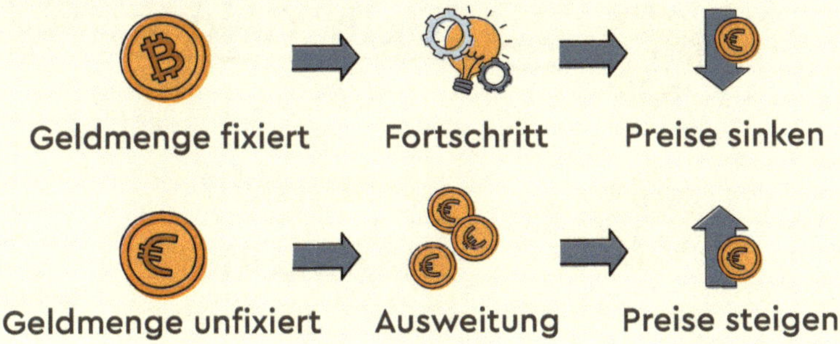

Die derzeitige Zentralbankpolitik ist ein Balanceakt zwischen Inflation und Deflation, wobei Deflation als Schreckensszenario für die Politik gilt, da sie Schulden schwerer bezahlbar macht und Geld aus Vermögenswerten hinaustreibt.

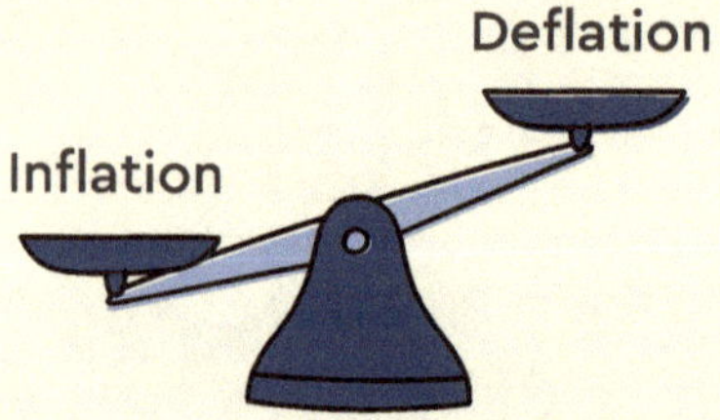

Daher werden weitere Zentralbankinterventionen zur Vermeidung einer deflationären Anpassung bevorzugt, auch wenn dies langfristig zu einem Vertrauensverlust in die Währungen führt.

Bitcoin bietet einige Vorteile in Bezug auf Inflation und Geldpolitik. Im Gegensatz zu traditionellen Währungen, deren Geldmenge von Zentralbanken gesteuert wird, ist die Gesamtmenge von Bitcoin auf 21 Millionen Einheiten begrenzt.

Diese Begrenzung verhindert eine willkürliche Ausweitung der Geldmenge und damit verbundene inflationäre Tendenzen.

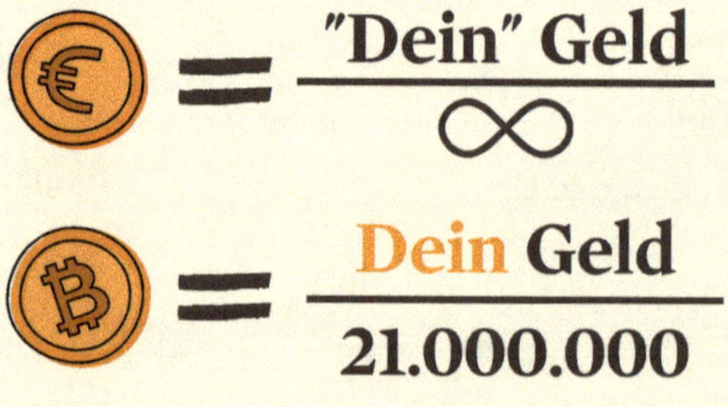

“Wir werden Inflation niemals verhindern können, solange wir der Regierung nicht das Monopol der Geldausgabe wegnehmen.”

Friedrich A. von Hayek

Was ist gutes Geld?

Die meisten denken beim Wort „Geld" wahrscheinlich zunächst an Münzgeld oder Banknoten.

Aber bei genauerer Betrachtung lässt sich erkennen, dass wir den Begriff „Geld" auf unterschiedliche Weise verwenden können, was wiederum auf den unterschiedlichen Funktionen beruht, die Geld innehat.

Als Tausch- und Zahlungsmittel erleichtert Geld den Handel, indem es das Problem des „doppelten Zusammentreffens von Bedürfnissen" löst, welches beim Tauschhandel auftreten kann.

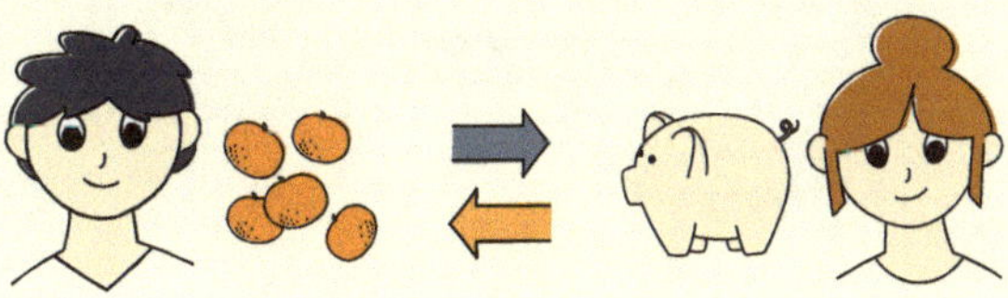

Es ist in der Realität nicht immer gegeben, dass sich die Bedürfnisse von zwei handelnden Parteien decken, damit ein Handel stattfinden kann. Geld löst dieses Problem.

Geld als Recheneinheit vereinfacht das Wirtschaftsleben erheblich, weil es den Wert von Waren vergleichbar macht.

Ohne Geld müssten die einzelnen Tauschverhältnisse stets untereinander bestimmt werden. Eier in Äpfel, Äpfel in Honig, Eier in Honig, Äpfel in Salz usw.

Geld als Wertaufbewahrungsmittel erlaubt es uns, Wert über einen längeren Zeitraum anzusparen.

In der Regel wird erhaltenes Geld nicht sofort gegen Güter eingetauscht. Ein Teil davon wird häufig für größere Anschaffungen zur Seite gelegt. Geld speichert also Wert über den Zeitverlauf. Voraussetzung dafür ist die Stabilität des Geldwertes: Ist diese nicht gegeben, wird von weichem Geld gesprochen.

Die Eigenschaften von gutem (hartem) Geld sind also u.a. abhängig von der Qualität des Wertspeichers. Aber was zeichnet einen guten Wertspeicher und allgemein gutes Geld aus?

Dazu müssen insgesamt 8 Funktionen vorhanden oder zumindest bis zu einem gewissen Grad erfüllt sein:

1. Beständigkeit: Dein Gut sollte nicht oder nur schwer zerstörbar sein.
2. Portabilität: Das Geld sollte leicht zu transportieren und zu lagern sein.
3. Fungibilität: Eine Einheit deines Geldes sollte einer anderen Einheit des gleichen Guts entsprechen oder gegeneinander austauschbar sein.
4. Teilbarkeit: Du solltest das Gut möglichst gut teilen können.
5. Verifizierbarkeit: Du solltest das Gut schnell als authentisch verifizieren können.
6. Knappheit: Es sollte sich um ein rares und fälschungssicheres Gut handeln, von dem sich nicht einfach mehr erzeugen lässt.
7. Akzeptanz: Dein Gut sollte ein gewisses Vertrauen genießen und von der Gesellschaft anerkannt sein.
8. Unveränderlichkeit: Niemand sollte dein Geld einfach konfiszieren oder das System verändern können.

In der folgenden Grafik haben wir Bitcoin, Gold und Fiatwährungen mit Noten von A+ (Sehr gut) bis F (Sehr schlecht) nach diesen 8 Funktionen bewertet.

	Bitcoin	Gold	Fiat
Beständigkeit	B	A+	C
Portabilität	A+	D	B
Fungibilität	B	A	B
Teilbarkeit	A+	C	B
Verifizierbarkeit	A+	B	B
Knappheit	A+	A	F
Akzeptanz	D	A+	C
Unveränderlichkeit	A	C	D

“Ich glaube, dass Bitcoins Wert in seiner Form als „gutes Geld“ liegt. Ein Geld, das allen zuvor entdeckten oder entwickelten Geldformen überlegen ist.”

Jeremy Allaire

Was ist Fiat-Geld?

Fiat-Geld ist eine Geldart, die nicht durch den physischen Wert einer Ware oder eines Rohstoffes gedeckt ist, sondern durch das Vertrauen in eine staatliche Verordnung.

Der Begriff „Fiat" stammt aus dem Lateinischen und bedeutet „es geschehe".

Vereinfacht gesagt können Zentralbanken Fiat-Geld „aus dem Nichts" erschaffen, indem sie die Geldmenge ausweiten. Bekannte Beispiele für Fiat-Geld sind der US-Dollar, der Euro und das Pfund.

Der Ursprung des Papiergeldes liegt in China während der Song-Dynastie im 11. Jahrhundert. Damals wurde erstmals Papiergeld in Form von Jiaozi eingeführt.

Jiaozi gilt als die erste von einer Regierung ausgegebene Banknote und wurde entwickelt, um das bis dahin verwendete schwere Eisengeld zu ersetzen.

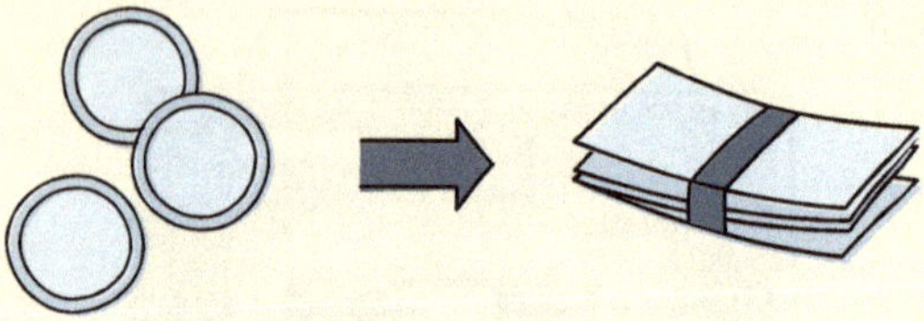

Papiergeld und dessen digitales Abbild bieten gegenüber physischem Geld wie Münzen und Edelmetallen Vorteile, insbesondere bei der räumlichen Übertragung von Werten.

Papiergeld ist leichter und einfacher zu transportieren als schwere Münzen oder Barren.

Fiat-Geld steht jedoch vor Herausforderungen hinsichtlich der Wertbeständigkeit, da Zentralbanken die Möglichkeit haben, die Geldmenge unbegrenzt auszuweiten, ohne dass dies durch Edelmetalle oder ähnliches gedeckt ist.

Eine unkontrollierte Ausweitung der Geldmenge kann zu Inflation führen, die den Wert der Währung beeinträchtigt.

In solchen Fällen sinkt möglicherweise das Vertrauen in die Währung, was wiederum die Kaufkraft weiter schwächen kann.

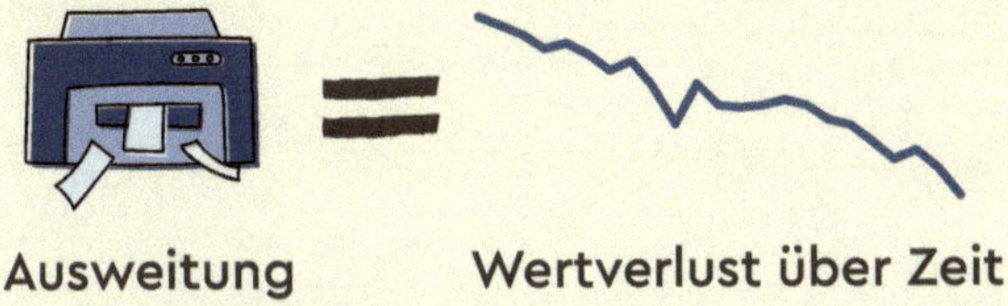

Von 1944 bis 1971 war der US-Dollar durch das Bretton-Woods-System indirekt an Gold gebunden. Der US-Dollar war zu einem festen Kurs von 35 US-Dollar pro Unze Gold konvertierbar.

Diese Bindung endete 1971 mit dem „Nixon-Schock", als Präsident Richard Nixon die Goldkonvertibilität aufhob. Seitdem kann Geld wieder aus dem Nichts geschaffen werden. Trotz des technischen Fortschritts steigen die Preise aufgrund der Geldmengenausweitung immer weiter.

Bitcoin regelt das, indem es eine auf 21 Mio. Bitcoin begrenzte und sehr leicht verifizierbare Geldmenge mit sich bringt.

Niemand kann Bitcoin aus dem Nichts erschaffen, da Energie und Zeit investiert werden müssen. Bitcoin wurde erfunden, um das Problem des zentral gesteuerten Fiat-Geldes zu lösen und langfristige Wertstabilität zu gewährleisten.

"Fiat-Geld ist kaputt, und man kann es nicht reparieren. Bitcoin funktioniert, und man kann es nicht kaputt machen."

Lina Seiche

Wer ist Satoshi Nakamoto?

Am 31. Oktober 2008 verschickte eine unbekannte Person ein Whitepaper in der Kryptographie-Mailingliste mit dem schlichten Titel „Bitcoin: A Peer-to-Peer Electronic Cash System".

Die unbekannte Person oder Gruppe verwendete das Pseudonym „Satoshi Nakamoto".

Auf gerade mal 8 Seiten des Whitepapers beschrieb Satoshi die technische Grundlage für Bitcoin, Kryptowährungen und die Blockchain-Technologie.

Bis heute weiß niemand, wer hinter dem Pseudonym steht. Niemand weiß, ob es eine Einzelperson oder eine Gruppe von Menschen war, die am 03. Januar 2009 das Bitcoin-Netzwerk durch den Genesis-Block ins Leben gerufen hat.

Jedoch gibt es ein paar Vermutungen aus der Bitcoin-Community...

Die erste Vermutung: Hal Finney.

Hal Finney war ein US-amerikanischer Software-entwickler. Er hat Bitcoin selbst aktiv mitgestaltet und war der Empfänger der ersten Bitcoin-Transaktion im Netzwerk.

Finney war in den 1990er-Jahren Teil der Cypherpunk-Bewegung. Zwischen Finney und Nakamoto bestand reger E-Mail-Verkehr, in welchem die beiden über Probleme des Bitcoin-Protokolls sprachen und diese beseitigten.

Eine weitere Vermutung: Nick Szabo.

Der US-amerikanische Programmierer und Kryptograph hat bereits 1998 mit „BitGold" ein Whitepaper geschrieben, das viele Ideen des Bitcoin White Papers vorwegnimmt.

Szabo ließ im Sommer 2008 die Idee für BitGold wieder aufleben. Auf seinem Blog fragte er nach interessierten Unterstützerinnen und Unterstützern. Als kurz darauf Bitcoin erschien, datierte Szabo den Blogeintrag nachträglich um – auf ein Datum nach der Veröffentlichung von Bitcoin.

Ein weiterer Kandidat: Len Sassaman.

Bei ihm handelte es sich um einen Programmierer, Hacker und IT-Security-Experten.

Das letzte Lebenszeichen von Satoshi wurde zwei Monate vor dem Tod von Sassaman wahrgenommen. Weiterhin nutze Sassaman in seinen Tweets das gleiche britische Englisch wie Satoshi.

Zudem wurde der Nachruf von Sassaman in die Blockchain eingebettet, wodurch sich Verbindungen zu den anderen Bitcoin-Developern bestätigen lassen.

Es gibt viele weitere Vermutungen bezüglich Satoshi Nakamoto. Nicht nur in Bezug auf die hier in Kürze vorgestellten Personen, sondern auch über weitere Menschen, die Bitcoin entworfen haben könnten.

Wenn dich die Neugier gepackt hat, kann es sich an der Stelle für dich lohnen, weiter zu recherchieren!

Bei manch einer Person sind die Annahmen konkreter, bei manchen weniger seriös. Zu letzterem zählt sicherlich Craig Wright. Ein Individuum, das sich in zahlreiche Widersprüche verstrickt hat.

Der Chef-Entwickler von nChain behauptet, selbst Satoshi zu sein. Wright konnte jedoch bis heute keinen handfesten Beweis dafür liefern, dass er tatsächlich Satoshi ist.

Er könnte kryptographisch beweisen, dass er Satoshi sein muss, indem er mit dem Private Key der ersten Bitcoin-Blöcke eine Transaktion signiert. Stattdessen verstrickt er sich jedoch immer weiter in Ausreden.

Wright behauptet zudem, er, also Satoshi, sehe Bitcoin Satoshis Vision (BSV) als das wahre Bitcoin an.

Für uns alle ist die Dezentralität von Bitcoin eine sehr wichtige und schützenswerte Eigenschaft. Denn es ist gerade diese Einzigartigkeit im Vergleich zu anderen Netzwerken, das Fehlen von Anführenden, die Bitcoin zu etwas Besonderem macht.

Wäre es also wirklich hilfreich, würden wir die Identität von Satoshi aufdecken? Sind wir nicht alle ein bisschen Satoshi?

“Bitcoin ist ein Weg, eine politische Revolution zu starten und zu kämpfen, ohne eine einzige Kugel abzufeuern und ohne eine einzige Stimme abzugeben.”

Giacomo Zucco

Wer sind die Cypherpunks?

Die Cypherpunks, eine Bewegung, die ihren Ursprung in den späten 1980er-Jahren hat, spielten eine entscheidende Rolle bei der Bewahrung und Stärkung unserer digitalen Privatsphäre.

Die Bewegung entstand als Reaktion auf die zunehmende Digitalisierung und globale Vernetzung, die eine tiefe Besorgnis über die mögliche Rolle von Staaten und Unternehmen in dieser neuen, digitalen Landschaft hervorrief.

Das Potenzial staatlicher Überwachung und des unkontrollierten Zugriffs auf persönliche Daten brachte diese Gruppe technisch versierter Aktivistinnen und Aktivisten zusammen, um Lösungen zu entwickeln.

Bekannte Persönlichkeiten wie Julian Assange, Gründer von WikiLeaks, und Nick Szabo, Erfinder von BitGold, einem gescheiterten Vorläufer von Bitcoin, konzentrierten sich in der Cypherpunk-Bewegung auf die Nutzung und Verbreitung sicherer Kryptographie zum Schutz der Privatsphäre.

Sie warben für das Ideal einer Welt, in der private Informationen privat bleiben und öffentliches Wissen zugänglich ist – ein Konzept, das von Datenschützerinnen und Datenschützern befürwortet, von Regierungen und Unternehmen jedoch mit großer Skepsis betrachtet wird.

Eines ihrer wichtigsten Projekte war die Entwicklung von Bitcoin. Sie waren sich einig, es brauche eine digitale Währung, die ein pseudonymes und von staatlichen Einflüssen unabhängiges Zahlungsmittel bietet.

Bitcoin wurde von einer Person oder Gruppe unter dem Pseudonym Satoshi Nakamoto geschaffen, die eng mit der Cypherpunk-Bewegung verbunden war.

Dieser bahnbrechende Schritt verdeutlicht das tief verwurzelte Ziel der Cypherpunks: eine Bewegung zu stärken, in der individuelle Freiheit und Privatsphäre durch den Einsatz von Verschlüsselungstechnologien gestärkt werden.

Dieser Bewegung wird in der Regel viel zu wenig Aufmerksamkeit geschenkt. Ihre Arbeit hat nicht nur zur Entwicklung von Bitcoin geführt und das Bewusstsein für digitale Privatsphäre geschärft, sondern auch die Art und Weise verändert, wie wir das Internet und digitale Technologien nutzen.

Ohne ihre Vorarbeit und die vielen gescheiterten Versuche, digitales Geld zu implementieren, hätten wir heute vielleicht nicht die Möglichkeiten, uns gegen Überwachung und Eingriffe in unsere Privatsphäre zu wehren.

Ihre Erkenntnisse und Errungenschaften bleiben ein wesentlicher Bestandteil der digitalen Landschaft und ihrer Zukunft.

“Bitcoin ist extrem überlebensfähig. Einzelne Unternehmen können kommen und gehen, Benutzer können beitreten oder abwandern - Bitcoin wird dennoch weiterlaufen.”

Adam Back

Was ist die Österreichische Schule der Nationalökonomie?

Die Österreichische Schule der Nationalökonomie (im Folgenden ÖSN) ist eine wichtige Strömung in der Wirtschaftswissenschaft, die sich seit ihrer Geburtsstunde durch Carl Menger im Jahr 1870 entwickelt hat.

Menger legte in seinem Buch „Die Grundsätze der Volkswirtschaftslehre" den Grundstein für diese wirtschaftliche Denkschule.

Die ÖSN stellt das Individuum in den Mittelpunkt und versucht, sein Verhalten im wirtschaftlichen Handeln zu verstehen.

Das zentrale Prinzip der ÖSN ist die subjektive Werttheorie. Diese besagt, dass der Wert eines Gutes oder einer Dienstleistung von der individuellen Bewertung durch die Teilnehmerinnen und Teilnehmer eines Marktes abhängt.

Daraus folgt, dass Angebot und Nachfrage den Wert bestimmen und der Markt sich somit selbst reguliert.

Die ÖSN betont die Rolle des Individuums und seiner Anreize, Bedürfnisse, Kosten und Nutzen. Opportunitätskosten, also entgangene Alternativen, werden ebenfalls berücksichtigt.

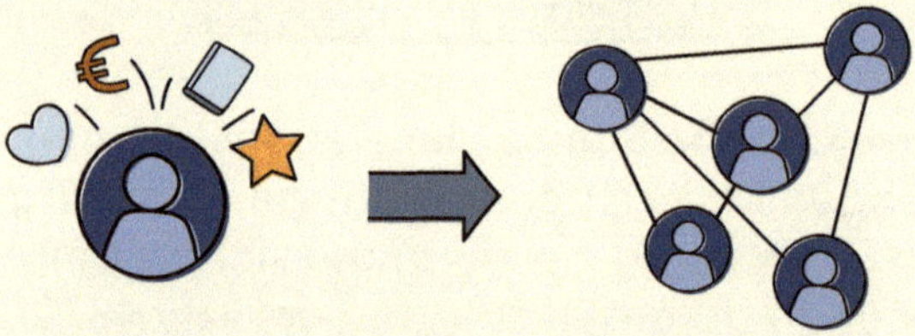

Aus den Entscheidungen einzelner Akteurinnen und Akteure können Rückschlüsse auf die gesamtwirtschaftliche Entwicklung gezogen werden.

Ziel der Theorie ist es, das Verhalten von Menschen zu analysieren und zu verstehen, wie sie ihren subjektiven Nutzen maximieren können.

Ein wichtiger Aspekt der ÖSN ist die Kritik an staatlichen Eingriffen in die Wirtschaft. Die Opportunitätskosten der Eingriffe werden meist übersehen, wodurch natürliche Entwicklungen aus den Fugen geraten.

Die Österreichische Schule betrachtet wirtschaftliche Prozesse als sozialwissenschaftlich, setzt auf selbstregulierende Märkte durch die Interessen der Menschen und stützt sich auf logische Schlussfolgerungen statt auf Statistiken und mathematische Modelle.

Die ÖSN unterscheidet sich von anderen Wirtschaftstheorien. Während die marxistische Theorie besagt, dass Wert durch Arbeit geschaffen werde, betont die ÖSN den subjektiven Wert und die Rolle des Marktes.

Die keynesianische Ökonomielehre, welche auch an Universitäten gelehrt wird, vertritt eine zentralistische Perspektive auf die Wirtschaft und plädiert für staatliche Eingriffe zur besten Ressourcenverteilung.

Bei der ÖSN hingegen stehen alle Menschen als individuelle Akteurinnen und Akteure eines Marktes im Fokus.

Ein prominenter Vertreter der ÖSN ist der Ökonom Friedrich Hayek. Er betonte, dass in einer entwickelten Marktwirtschaft das Wissen dezentral verteilt ist und verschiedene Menschen über unterschiedliche Informationen und Expertise verfügen, die eine zentral planende Stelle nicht haben kann. Preise sind hierbei die Essenz der Informationsverteilung.

Sie repräsentieren Marktsignale, die unverzichtbar sind, um wirtschaftlich handeln zu können, weshalb die altbekannte „Preisstabilität" des EZB-Mandats per se als eine starke Marktverzerrung gesehen werden kann.

Bitcoin fügt sich nahtlos in das Gedankengebäude der ÖSN ein, da es wesentliche Prinzipien dieser Denkschule verkörpert.

Die dezentrale Natur von Bitcoin basiert auf einer Bottom-up-Struktur, die der Österreichischen Schule entspricht und sich von der Top-down-Struktur der keynesianischen Theorie maßgeblich unterscheidet.

Satoshi Nakamoto war höchstwahrscheinlich mit der ÖSN vertraut. Bitcoin spiegelt zentrale Prinzipien dieser Denkrichtung wie Dezentralität, begrenzte Geldmenge und Unabhängigkeit von staatlicher Kontrolle wider.

Dies legt nahe, dass Satoshi sich bewusst an diesen ökonomischen Idealen orientierte, um ein Geldsystem zu entwickeln, das im Einklang mit einem freien Markt steht und die Interessen des Einzelnen in den Mittelpunkt stellt.

"Wert ist nicht intrinsisch. Er liegt nicht in Dingen, er liegt in uns. Es ist die Art und Weise, wie der Mensch auf die Bedingungen seiner Umwelt reagiert."

Ludwig von Mises

Was ist der Cantillon-Effekt?

Der Cantillon-Effekt ist ein ökonomisches Phänomen, das auf den irischen Ökonomen Richard Cantillon zurückgeht, der das Konzept erstmals im 18. Jahrhundert beschrieb.

Der Cantillon-Effekt erklärt, wie die Auswirkungen der Geldmengenausweitung durch Zentralbanken ungleichmäßig auf verschiedene Teile der Volkswirtschaft verteilt sind und somit unter gewissen Umständen die wirtschaftliche Ungleichheit verstärken können.

Bei der Schaffung von neuem Geld werden zuerst diejenigen begünstigt, die näher an der Geldquelle sind, wie etwa Banken, staatsnahe Unternehmen und politisch bevorzugte Gruppen.

Da sie das frisch geschaffene Geld früher erhalten, können sie es für den Kauf von Gütern und Dienstleistungen nutzen, bevor deren Preise infolge der Geldmengenausweitung steigen.

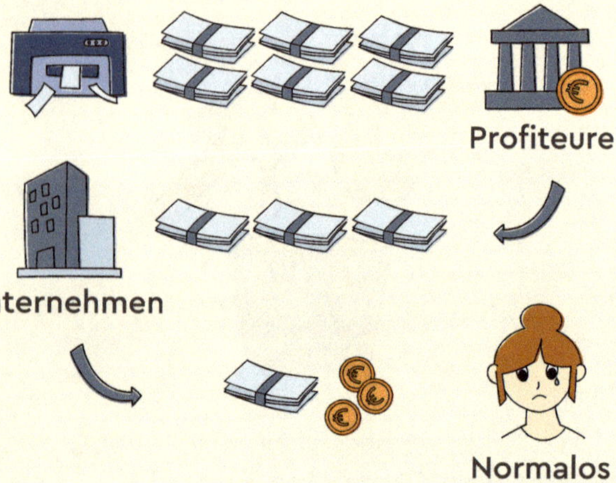

Dies verschafft ihnen einen Wettbewerbsvorteil gegenüber anderen Marktteilnehmerinnen und -Teilnehmern. Die übrigen Teile der Volkswirtschaft, insbesondere Privathaushalte sowie kleine und mittlere Unternehmen, erhalten das neu geschaffene Geld später oder gar nicht.

In der Zwischenzeit haben die Preise für Güter und Dienstleistungen jedoch bereits aufgrund der erhöhten Geldmenge zugenommen, sodass diese Gruppen von der Geldschöpfung weniger oder gar nicht profitieren.

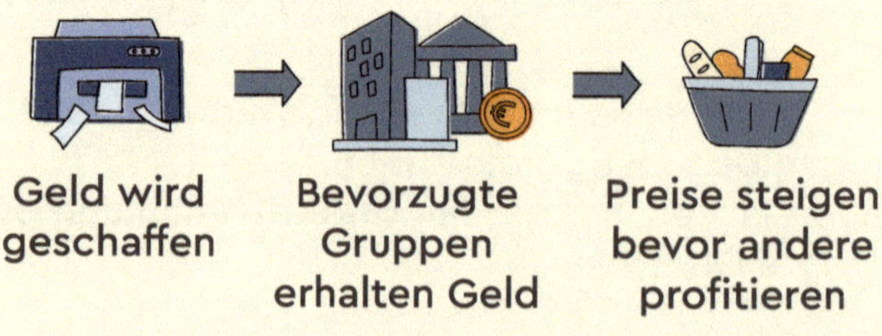

Um den Cantillon-Effekt zu umgehen, könnte man Bitcoin verwenden, da es sich um eine dezentrale Währung handelt, die nicht an Zentralbanken gebunden ist und somit nicht dem Phänomen der unfairen Ausweitung und Verteilung der Geldmenge unterliegt.

Bitcoin löst das Problem, indem es den Gelddrucker eliminiert und niemandem die Kontrolle über die Geldversorgung gibt.

“Bitcoin ist nicht nur gesundes Geld. Bitcoin ist eine Lebenseinstellung.”

Roman Reher – Der Blocktrainer

Was ist Open-Source-Software?

Open-Source-Software (OSS) zeichnet sich dadurch aus, dass der Quellcode für jeden Menschen zugänglich, nutzbar und veränderbar ist. Das bedeutet, dass jede Benutzerin und jeder Benutzer die Software auf ihre bzw. seine Bedürfnisse anpassen kann.

Beispiele sind Mozilla Firefox, LibreOffice, GIMP, Linux und Python.

Die Verwendung von Open-Source-Software hat viele Vorteile, einschließlich der schnelleren Entwicklung durch die Nutzung von Beiträgen anderer User.

Ein weiterer wichtiger Vorteil besteht darin, dass sie für alle User kostenlos ist.

Was bedeutet das für Bitcoin?

Die dezentrale Natur von Bitcoin hat zur Folge, dass es keine zentrale Autorität gibt, die für das Netzwerk verantwortlich ist.

Stattdessen wird das Netzwerk von vielen Usern weltweit unterstützt. Eine der wichtigsten Technologien, die Bitcoin verwendet, ist eine Open-Source-Software.

Die Verwendung von Open-Source-Software ist bei Bitcoin aus verschiedenen Gründen essentiell. Erstens ermöglicht sie eine größere Transparenz und ein besseres Verständnis des Codes.

Da der Code für alle zugänglich ist, kann jeder User die Software auf mögliche Fehler oder Schwachstellen überprüfen und diese gegebenenfalls korrigieren. Das erhöht die Sicherheit und Zuverlässigkeit des Netzwerks.

Zweitens fördert die Verwendung von Open-Source-Software die Zusammenarbeit und Innovation.

So können viele Developer aus der ganzen Welt zusammenarbeiten, um Verbesserungen und Erweiterungen an der Software vorzunehmen.

Dies führt zu schnelleren Entwicklungszyklen und letztendlich zu besseren Produkten.

Ein weiterer Vorteil von Open-Source-Software im Kontext von Bitcoin ist, dass sie einen einfacheren und kostengünstigeren Zugang für Developer und User ermöglicht.

Da die Software kostenlos ist, kann man sie einfach herunterladen und verwenden, ohne zusätzliche Kosten tragen zu müssen.

Es ist jedoch wichtig zu beachten, dass Open-Source-Software auch einige Herausforderungen mit sich bringen kann.

Eine der größten Herausforderungen besteht darin, dass der Quellcode für jeden zugänglich ist, also auch für potenzielle Angreiferinnen und Angreifer.

Daher ist es wichtig, zusätzliche Sicherheitsmaßnahmen zu implementieren, um das Netzwerk zu schützen.

Insgesamt ist das Open-Source-Prinzip ein entscheidender Bestandteil des Bitcoin-Konzepts.

Es ermöglicht eine größere Transparenz und Zusammenarbeit, was letztendlich zu einem sichereren, zuverlässigeren und innovativeren Netzwerk führt.

Wie Andreas Antonopoulos 2015 in „Bubble Boy and the Sewer Rat" bereits erläuterte, erreicht Bitcoin erst durch die ständige Konfrontation mit den Diskursen des Internets seine einmalige Zensurresistenz und Immunität.

“Bitcoin: Wegen der Gewinne gekommen, wegen der Prinzipien geblieben.”

Quentin Lobb

Was sind Bitcoin-Forks?

Wusstest du, dass es regelmäßig dazu kommen kann, dass zwei unterschiedliche Ketten der Bitcoin-Blockchain parallel existieren?

Da die Bitcoin-Blockchain eine dezentralisierte Datenstruktur ist, sind die unterschiedlichen Kopien nicht immer konsistent.

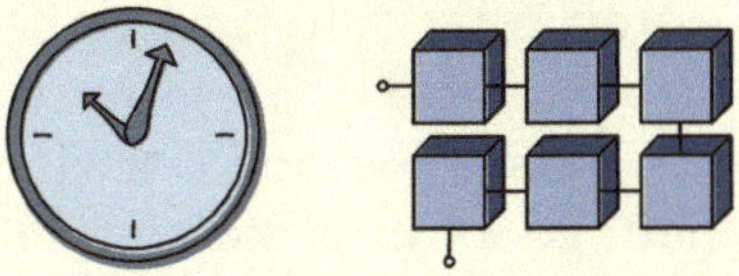

Blöcke können auf verschiedenen Nodes zu unterschiedlichen Zeiten eintreffen, sodass die Nodes immer eine etwas andere Version der Blockchain haben.

Um dieses Problem zu lösen, wählt jede Node immer die Kette der Blockchain mit der größten kumulierten Arbeitsleistung – also die Kette mit den meisten Blöcken – und versucht, diese zu erweitern.

Auf diese Weise gelangt das Bitcoin-Netzwerk zu einem gemeinsamen Zustand, einem Konsens, in dem alle Nodes die Chain mit dem größten Proof-of-Work wählen.

Das sind natürlich auftretende Bitcoin-Forks, also Abgabelungen, die das natürliche Ergebnis der zeitlichen Verzögerungen der Datenübertragung im Netzwerk darstellen und sich nach kurzer Zeit immer wieder automatisch beheben.

Jedoch gibt es auch vorsätzlich herbeigeführte Forks.

Zunächst gibt es Hard Forks. Diese können infolge eines Bugs passieren oder aufgrund einer bewussten Änderung der Konsensregeln. Diese Art von Abgabelung wird als Hard Fork bezeichnet, da das Netzwerk nach der Fork nicht mehr zu einer einzelnen Kette zurückkehren kann.

Stattdessen entwickeln sich zwei voneinander unabhängige Chains.

Ein Beispiel dafür ist BitcoinCash.

Da das Netzwerk sich im Rahmen der sogenannten Blocksize-Debatte nicht einheitlich zwischen großen und kleinen Blöcken entscheiden konnte, entstand eine zweite Blockchain.

Alle Nodes, die die neuen Konsensregeln nicht übernehmen, können nicht mehr am Konsens-Mechanismus teilnehmen und werden im Augenblick der Hard Fork Bestandteil einer anderen Kette. Dementsprechend ist eine durch eine Hard Fork herbeigeführte Änderung nicht vorwärtskompatibel.

Nicht aktualisierte Nodes können die neuen Konsensregeln nicht länger verarbeiten. Hard Forks werden deshalb als Risiko betrachtet, weil sie alle Akteure zu einer Entscheidung zwingen, ihre Software zu aktualisieren oder in der bisherigen Chain zu verbleiben.

Nicht alle Änderungen der Konsensregeln führen zu einem Hard Fork. Wird die Implementierung der neuen Konsensregeln in einer Weise eingeführt, dass eine nicht aktualisierte Node die Transaktion oder den Block nach den alten Regeln immer noch als gültig erachtet, kann die Änderung ohne Hard Fork erfolgen.

Bitcoins Historie besteht hauptsächlich aus ebensolchen Soft Forks. Eine der letzten Soft Forks war das Taproot Update Ende 2021.

Soft Forks verlangen kein Upgrade der Nodes und drängen nicht-aktualisierte Nodes nicht aus dem Konsens. Änderungen können nur rückwärtskompatibel implementiert werden. Da bei Soft Forks kein Risiko einer Abspaltung des Netzwerks besteht, bevorzugt die Bitcoin-Community diese für Veränderungen.

Alle Teilnehmerinnen und Teilnehmer können im Netzwerk bleiben und entweder die neuen Spielregeln akzeptieren oder nach den alten Spielregeln weiterspielen.

Ob sich ein Hard- oder Soft Fork durchsetzt, ist stets eine Frage der Netzwerkeffekte. Stünde die gesamte Community hinter dem Fork, könnte Bitcoins Limitierung theoretisch auch auf 42 Millionen Bitcoin durch eine abgespaltene Blockchain ausgeweitet werden.

Ob du persönlich ein Fork gut oder schlecht findest, kannst du nur über deinen Knotenpunkt, deine Node, im Netzwerk signalisieren. Deshalb auch das allseits bekannte Motto:

Not your node, not your rules!

“Viele der Vorbehalte, Kritiken und Angriffe auf Bitcoin kommen von Leuten, die den Luxus eines stabilen Finanzsystems genießen.”

Alex Gladstein

Was ist das Halving?

Das Bitcoin-Halving ist ein Ereignis im Bitcoin-Netzwerk, das etwa alle vier Jahre (genauer gesagt alle 210.000 Blöcke) stattfindet und den Betrag der Miner-Belohnung halbiert.

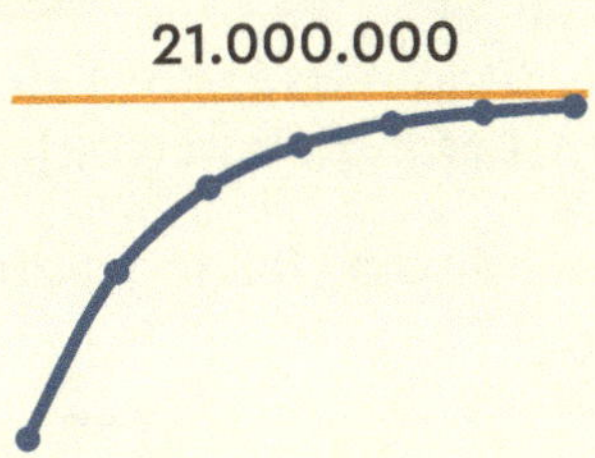

Dieser Mechanismus macht Bitcoin zu einer knappen und berechenbaren Ressource. Die Gesamtzahl der jemals existierenden Bitcoin ist auf 21 Millionen begrenzt. Das Halving stellt sicher, dass sich die Geldmenge exponentiell abnehmend diesem Maximalwert nähert.

Miner, die das Bitcoin-Netzwerk am Laufen halten, indem sie Transaktionen verifizieren, werden durch das sogenannte „Mining" mit Bitcoin belohnt.

Diese Belohnung, auch als Blockprämie bekannt, setzt sich aus der Blocksubvention und den Transaktionsgebühren zusammen.

Das Halving verringert die Block-Subvention und somit auch die Anzahl der neu geschaffenen Bitcoin.

In der Vergangenheit hat das Halving dazu beigetragen, dass der Preis von Bitcoin im Laufe der Zeit anstieg, da das Angebot abnahm und die Nachfrage gleichblieb oder gar zunahm.

Bitcoin wird oft mit Gold verglichen, da es ebenfalls eine knappe Ressource ist, die nicht Opfer einer übermäßigen Mengenausweitung ist.

Die Knappheit von Bitcoin ist jedoch bekannt und überprüfbar, während die Menge von Gold ungewiss ist.

Bislang gab es drei Bitcoin-Halvings: 2012, 2016 und 2020.

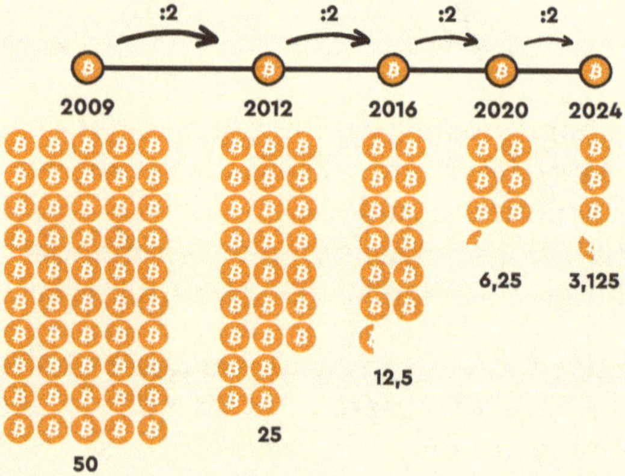

In jedem dieser Halvings wurde die Block-Subsidy halbiert: von 50 auf 25, von 25 auf 12,5 und zuletzt von 12,5 auf 6,25 Bitcoin.

Das nächste Halving wird voraussichtlich 2024 stattfinden. Dann wird die Block-Subsidy auf 3,125 Bitcoin pro Block reduziert. Da das Halving im Bitcoin-Code definiert ist, ist es möglich, zukünftige Halvings relativ genau vorherzusagen.

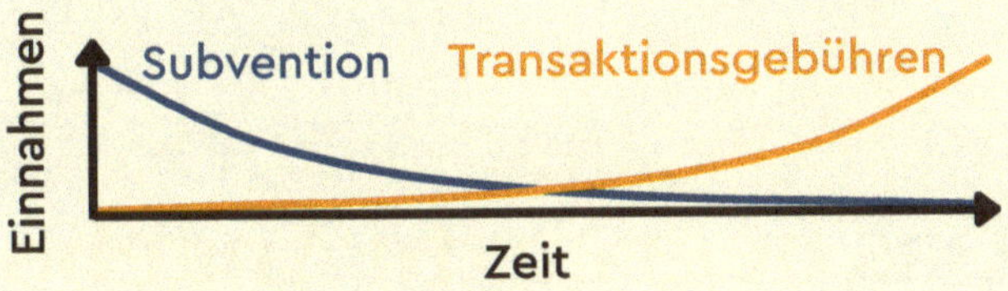

In Anbetracht vergangener Halvings ist zu erwarten, dass die Block-Subvention weiterhin alle vier Jahre halbiert wird, bis schließlich alle 21 Millionen Bitcoin um das Jahr 2140 gemined wurden.

Ab diesem Zeitpunkt werden Miner ihr Einkommen ausschließlich aus Transaktionsgebühren beziehen, anstatt aus neu gefundenen Bitcoin.

“Das begrenzte Angebot von Bitcoin zieht eine unendliche Nachfrage an. Für immer.”

Pierre Rochard

Verbraucht Bitcoin zu viel Energie?

Bitcoin verbraucht eine Menge Energie. Die Frage ist, welchen Nutzen wir als Menschen daraus ziehen können und wie die Relation zu anderen energieverbrauchenden Systemen ist.

Demnach möchten wir in diesem Blink den Energieverbrauch von Bitcoin analysieren, ihn mit dem Verbrauch des aktuellen Geldsystems vergleichen und die Notwendigkeit von Energie erläutern.

Zuerst müssen wir den Begriff Energieverbrauch definieren. Oft wird der Energieaufwand mit etwas Negativem in Verbindung gebracht.

Dieser ist eigentlich nur ein Indikator für die Entwicklung einer Zivilisation: Eine höher entwickelte Gesellschaft geht in der Regel mit einem höheren Energieverbrauch einher. Die Nutzung von Energie ist demnach per se nichts Schlechtes.

Niedriger Energieverbrauch

Hoher Energieverbrauch

Bitcoins Energieverbrauch ist notwendig, um die Sicherheit des Netzwerks zu gewährleisten und vergangene Transaktionen unveränderbar zu machen.

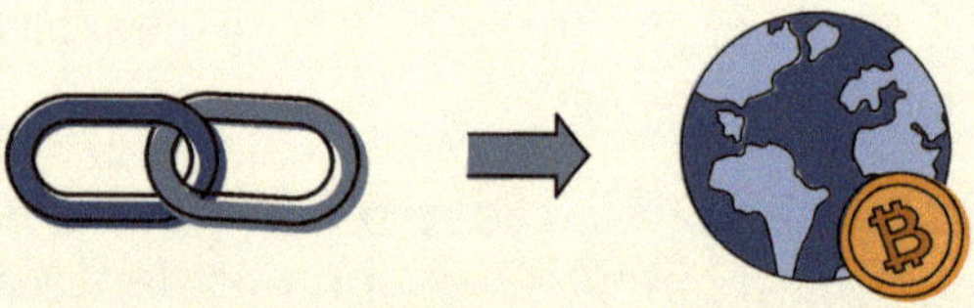

Ohne Energieaufwand besteht keine Verbindung zur physischen Welt, die sicherstellt, dass es Aufwand kostet, neue Geldeinheiten zu erzeugen oder das System zu verändern.

Auch bei Gold kostet das Finden neuer Bestände Energie, aber bei unserem aktuellen Geldsystem fehlt so etwas.

mit Energieaufwand

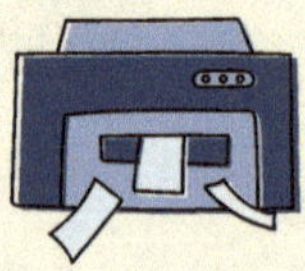

ohne Energieaufwand

Staaten können ohne Aufwand große Mengen an Geld erzeugen. Die jährlichen Kosten sind beim Bankensystem sogar 415x höher als beim Bitcoin-Mining.

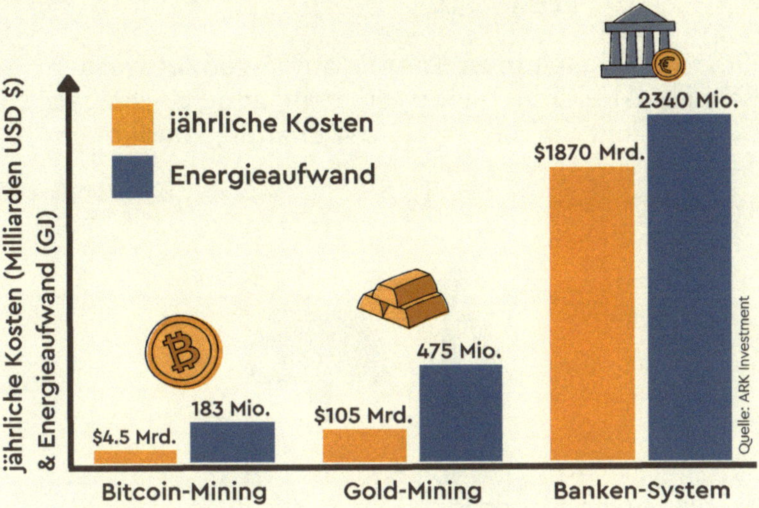

Das aktuelle Banken- und Finanzsystem verbraucht schätzungsweise knapp 13x so viel Energie wie das Bitcoin-Mining.

Laut einer Analyse der Cambridge Universität hat Bitcoin einen Bedarf von 123 TWh/Jahr. Wenn man den Verbrauch mit anderen Technologien vergleicht, kann man sich durchaus fragen, wie wichtig die Existenz eines dezentralen, freien Geldsystems gegenüber anderen Technologien ist.

Klimaanlagen
2199 TWh/Jahr

Bitcoin-Mining
123 TWh/Jahr

Kühlschränke USA
109 TWh/Jahr

Der Energieverbrauch aller Klimaanlagen weltweit ist 20x höher als der des Bitcoin-Minings. Ungefähr gleichauf ist das Bitcoin-Mining mit dem Bedarf aller Kühlschränke in den USA.

Für jede Tätigkeit muss Energie aufgewendet werden. Manche Aktivitäten benötigen mehr, andere weniger. Es geht nicht um die Menge der Energie, sondern um die Form der Energiegewinnung.

Der Energieverbrauch von Bitcoin setzt sich laut des Bitcoin Mining Councils zu 58,8 % aus erneuerbaren Energien zusammen. Keines der gelisteten Länder kommt an diesen Anteil heran.

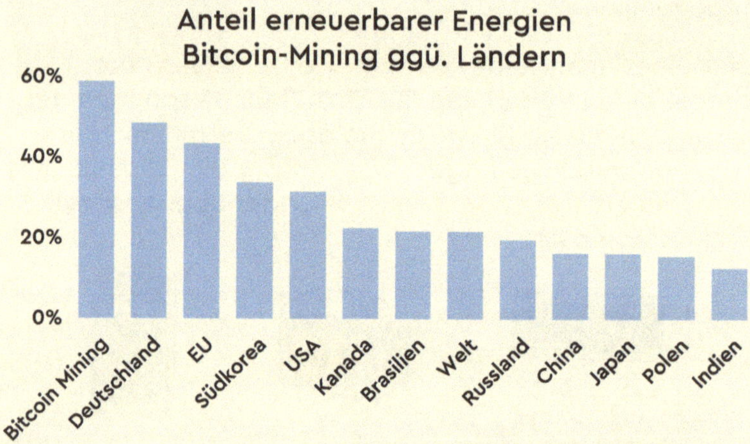

Quelle: Bitcoin Mining Council

"Bitcoin verschwendet keine Energie. Es verbraucht verschwendete Energie."

Conner Brown

Fördert Bitcoin erneuerbare Energien?

Der hohe Energiebedarf von Bitcoin hat in den letzten Jahren zu medialen Bedenken hinsichtlich der Umweltauswirkungen geführt.

Trotz dieser Bedenken könnte Bitcoin tatsächlich dazu beitragen, die Nutzung erneuerbarer Energien zu fördern.

Dies liegt an der Art und Weise, wie das Mining von Bitcoin funktioniert, und an der Tatsache, dass Miner gezwungen sind, effizienter und kostengünstiger zu arbeiten.

Warum der Einsatz von Energie wichtig ist? Das Bitcoin-Mining löst das sogenannte „Double-Spending-Problem".

Dabei speichert das Netzwerk die Transaktionshistorie, ohne auf eine zentrale Instanz angewiesen zu sein.

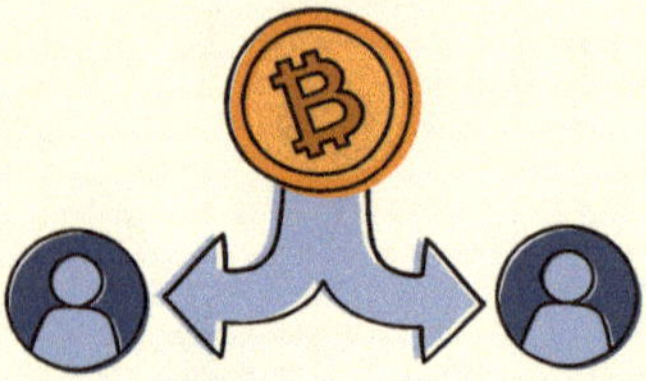

Der Energieverbrauch ist dabei eine Schlüsselkomponente, da ein höherer Energieaufwand zu mehr Sicherheit führt.

Mining-Betriebe sind ständig auf der Suche nach effizienterer Mining-Ausrüstung oder günstigeren Energiequellen, um wettbewerbsfähig zu bleiben.

Da der Strompreis einer der wichtigsten variablen Kostenfaktoren für die Mining-Betriebe ist, suchen sie zwangsläufig nach günstigeren und effizienteren Energiequellen.

Hier kommen erneuerbare Energien ins Spiel, die langfristig gesehen in vielen Fällen kostengünstige Alternativen zu herkömmlichen Energiequellen bieten.

Die begrenzten Fortschritte bei der Mining-Hardware haben die Miner dazu veranlasst, ihre Prioritäten zu überdenken. Anstatt auf bessere Hardware oder höhere Bitcoin-Preise zu warten, konzentrieren sie sich auf billigere Energie, um ihre Gewinne zu steigern.

Der freie Wettbewerbsmarkt sorgt dafür, dass Miner, die teure Energiequellen nutzen, aus dem Markt gedrängt werden, da sie weniger profitabel sind.

Insgesamt hat das Bitcoin-Mining das Potenzial, die Nutzung erneuerbarer Energien zu fördern, indem es durch den Konkurrenzkampf die Energieeffizienz verbessert, in unerschlossene Energiequellen investiert und die Adoptionsrate erneuerbarer Energien beschleunigt.

Kostengünstige erneuerbare Energien sind der Schlüssel zur Klimaneutralität und Bitcoin-Mining kann dazu beitragen, diesen Übergang zu unterstützen.

Durch die Schaffung eines Marktes, der erneuerbare Energien bevorzugt, kann das Bitcoin-Mining dazu beitragen, dass sich immer mehr Unternehmen und Länder für umweltfreundlichere Energiequellen entscheiden.

Darüber hinaus sind Bitcoin-Miner Energieabnehmer der letzten Instanz. Überschüssige oder gestrandete elektrische Energie, die sonst verloren ginge, kann durch das Mining in monetäre Energie umgewandelt werden.

Dies ermöglicht eine bessere Finanzierung erneuerbarer Energien durch das Nutzen von Überschüssen. So fördert das Bitcoin-Netzwerk den Ausbau und die Forschung erneuerbarer Energiequellen.

Zusammenfassend kann das Bitcoin-Mining die Nutzung erneuerbarer Energien fördern, indem es den Fokus auf kostengünstige und effiziente Energiequellen lenkt, wodurch teurere Energiequellen wie Kohle und Gas unrentabel werden.

Dies führt zu einer höheren Energieeffizienz, der Finanzierung gestrandeter Energiequellen und einer schnelleren Akzeptanz erneuerbarer Energien.

“Sobald du dich fragst, was Geld ist, wird Bitcoin einen Sinn ergeben.”

Misir Mahmudov

Weiterführende Links

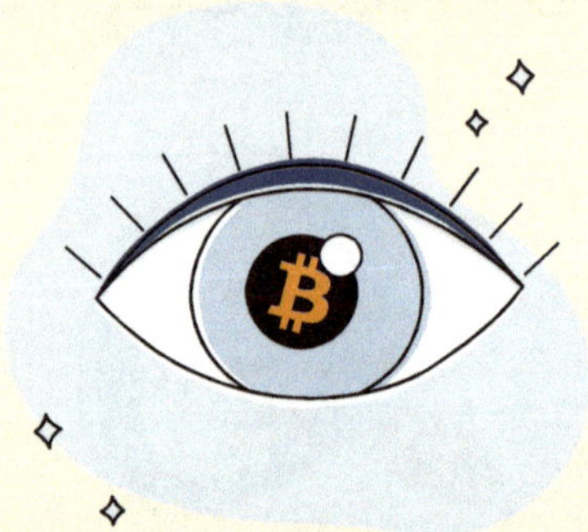

Dich hat das Interesse an Bitcoin gepackt? Hier findest du viele weitere spannende Inhalte:

- coinfinity.co/blog
- aprycot.media
- wasbitcoinbringt.com
- einundzwanzig.space
- bitcoinverstehen.info

Sieh dir alle Blinks auf unserer Website an!

Sicher Bitcoin kaufen mit der Coinfinity App!